»Versuchen Sie nicht, hinter meine Fassade zu schauen, denn Sie werden dort nichts finden.«

Karl Lagerfeld

»Der Mensch ist am wenigsten er selbst, wenn er in eigener Person spricht. Gib ihm eine Maske und er wird die Wahrheit sagen.«

Oscar Wilde

»Natürlichkeit ist die Schwerste aller Posen.«

Oscar Wilde

»Authenticity is like authority or charisma; if you have to tell people you have it, you probably don't.«

Prof. Dr. Herminia Ibarra, INSEAD

»Die Echtheit einer Sache ist der Inbegriff alles vom Ursprung her an ihr Tradierbaren, von der materiellen Dauer bis zu ihrer geschichtlichen Zeugenschaft.«

Walter Benjamin

Solange es Originale gibt, solange gibt es Doubles und fast so lange auch Double-Wettbewerbe. Zum Beispiel Elvis-Presley-Contests, die es schon zu dessen Lebzeiten gab. An einem heißen Sonntagnachmittag in Las Vegas nahm Elvis selber teil - eine Idee seines Managers. Elvis erreichte einen beachtlichen vierten Platz. Aber drei Doubles schienen dem Publikum authentischer. Solche Geschichten bringen einen auf eine Idee: Es könnte in professionellen Situationen, nicht zu Hause, darauf ankommen, dass wir authentisch scheinen, und nicht darauf, dass wir es auch sind.

Dr. Stefan Wachtel ist einer der »Leading Coaches of the World«®. Zudem »einer der Gurus in den Chefetagen« (Focus), »Der Puppenspieler der Chefs« (SZ) und »Deutschlands sympathischster Rhetoriktrainer« (ThePioneer)

Executive Coach internationaler Spitzenmanager aus Wirtschaft, Öffentlichkeit und Sport, unter anderem für Konzernvorstände von bislang 16 DAX-40-Unternehmen. Bis dato fünf Jahre Coaching für Partner einer globalen Strategieberatung. Berater von bisher zwei Bundesministern.

SW entwickelt Themensettings und begleitet Executive Auftritte. Früher sechs Jahre Moderatorencoachings bei ARD/ZDF und drei Jahre Ansagentraining für LH-Passagierpiloten. Er hat für bisher sieben IPOs die Boards trainiert.

Stefan Wachtel ist Laudator des Preises »Bester Manager-Auftritt« und Host der jährlichen »Funnel-Conference« in Cannes. »Executive Modus« und »Das Zielsatz-Prinzip« sind seine proprietären Methoden. Englisch: »Reversed Pyramid«, dazu sein TED Talk »Disrupting Conventional Speech«. Bisher dreifacher Autor des Harvardbusinessmanager. Bücher bei Campus, Econ, Plassen und Hanser, zuletzt »Pyramiden und Trichter«.

Briefing »Train-the-Trainer Executive Modus« in jedem Oktober in Nizza.

Stefan Wachtel lebt im Frankfurter Westend und versucht wenigstens privat nicht groß aufzufallen.

www.stefan-wachtel.de

Stefan Wachtel

DIE KUNST DES AUTHENTISCHEN

67 Wege in den richtigen Film

executive modus press

Bibliografische Information der Deutschen Nationalbibliothek:
Die Deutsche Nationalbibliothek verzeichnet diese Publikation in der Deutschen Nationalbibliografie; detaillierte bibliografische Daten sind im Internet über http://dnb.d-nb.de abrufbar.

3. überarbeitete Auflage 2024

Lektorat: Natasa Lalic
Umschlag: Anna Haifisch, www.hai-life.com
Druck und Bindung: Friedrich Pustet, Regensburg
Printed in Germany
ISBN 978-3-00-058798-6

Auch als E-Book und Hörbuch erhältlich
sw@stefan-wachtel.de

INHALT

VORWORT ZUR 3. AUFLAGE

Der Starpsychologe Adam Grant schrieb kürzlich in der *New York Times*, »Sei du selbst!« sei der schlechteste Rat, den er jemals bekam. Er hat ihn abgelehnt. Er hatte einen TED-Talk vorzubereiten, einen dieser 18-Minuten-Reden, die, wenn sie gut sind, millionenfach auf youtube angeklickt werden. Ich habe einige solcher TED-Talks mit Klienten vorbereitet; Adam hat Recht.

Wir sind offenbar »in the age of authenticity, where ›be yourself‹ is the defining advice in life, love and career.«, schreibt er weiter. Aber nicht nur wir selbst sollen wir sein, auch noch mit uns selbst zusammen so richtig eins: »Be true to yourself« ist offenbar eines der beliebtesten Imperative; er kommt gleich nach »Erweitere Deinen Horizont«. Und noch vor »Never give up«!

»Be Yourself! No matter what they say!« singt Sting als »Englishman in New York«. Ganz man selbst sein, immer offen und ehrlich, das Herz auf der Zunge. Kaum eine Sehnsucht ist größer: so ganz von innen kommen, echt sein, ganz man selbst sein. Authentisch managen, authentisch auftreten, authentisch verkaufen, spontan und aus dem Bauch, das ist gefragt. Das Authentische in all dem Unechten zu erkennen, das ist, als ob man den Heiligen Gral fände. Dagegen macht sich vollkommen unmöglich, wer sich nicht auf Ursprüngliches, Echtes, Unverbogenes berufen kann. Dass es genau das allenfalls noch im Moment der Geburt gibt, ist deprimierend. Und dass das Authentische inzwischen fast industriell hergestellt wird, lässt uns nur noch lauter nach danach rufen. »Sei Authentisch!« ist Thema jeder persönlichen Wirkung – und manche Zweifel an diesem Imperativ gleich mit. Das Authentische wird gerade heftig diskutiert, und es ist eines der am schwersten zu fassenden Phänomene. Was soll das sein? Wir sind doch immer wir selbst, wer denn sonst? Was gibt es da zu diskutieren? Offenbar doch dies und das.

Wir alle lieben Ideale, und besonders eines: Authentisch sein. Wir wollen wir selbst sein. Nur, wie geht das mit einem erfolgreichen Berufsleben zusammen? Oder auch nur mit einem guten Privatleben? Wir fragen: Wie können wir authentisch sein? Vielleicht müssen wir eher fragen: Wie schaffen wir es, dass andere sagen: Authentisch! Das vermittelt dieses Buch, das im November 2014 als Hardcover *Sei nicht authentisch!* erschien. Es zerstört eine Ideologie.

Vor einigen Jahren sagte mir nach einem Vortrag jemand aus dem Publikum: »Finde ich gut, wie Sie das machen, so authentisch!« Das enthielt eine ungewollte Warnung: Ganz professionell war ich damals nicht. Es war keiner der richtig guten Vorträge, er war eher assoziativ. Er hatte zu wenig Struktur und war nicht gut genug vorbereitet. Ich war an dem Tag zu sehr ich selbst. Es fehlte ein guter Plan und ich hätte den Vortrag proben sollen. Ich schien nicht nur authentisch, was kein Problem gewesen wäre, ich war es auch. Etwas fehlte und ich musste daran arbeiten, dass dieses Etwas hinzukommt. Der freundliche Satz »Sie sind so authentisch« ließ mich Verdacht schöpfen.

»Die 5 Weisen« hieß in dieser Zeit eine wöchentliche Kolumne des *Handelsblatt*. Mein Text 2006 mit der höchsten Resonanz hatte den Titel »Authentisch? Besser nicht!«. Offenbar war nicht nur mir unbehaglich bei der Vorstellung, immer authentisch sein zu sollen. Im Sommer 2007 hielt ich an der Universität Zürich den ersten Vortrag mit dem Titel »Authentisch – besser nicht!« Später erschien das Buch *Mythos Authentizität* von Rainer Niermeyer, kaum ein Jahr, nachdem wir in einem Hotel irgendwo hinter Düsseldorf zusammen saßen.

Dann 2015, ein paar Monate nach meinem Buch, kam die Leadership-Professorin Herminia Ibarra, die angehenden Managern der Business-Schule INSEAD sagt: »Be a Chameleon!«; schließlich Adam Grant, wie gesagt: »Sei nicht Du selbst!«. In Rolf Dobellis Buch 2017 lesen wir: »Ein Hund ist authentisch. Sie aber sind ein Mensch.« Und besonders der Managementberater Reinhard Sprenger hatte in mehreren Büchern vor naiver Authentizität gewarnt: Alle sagen es jetzt: Sei nicht authentisch! Jedenfalls nicht nur.

Auch in globalen Diskussionen seriöser Wissenschaft macht das Thema einige Fragezeichen, und schaffte es aus diesem Grund 2015 als Titelstory in die *Harvard Business Review*. »The Authenticity Paradox« war gewürzt mit der Zeile: »Feeling like a fake can be a sign of growth«. Das alles war nur der Anfang: Das Authentische ist seit den Jahren 2014 und 2015 eines der am meisten diskutierten Themen der internationalen Leadership-Literatur. Beispiel »Executive Modus«: Von purer Authentizität zu professioneller Rolle sich zu entwickeln ist das elfte von zwölf Prinzipien.

Als ich 2013 an dem Nicht-Authentisch-Buch schrieb, traf ich den *Spiegel*-Redakteur René Pfister, um ihm von der These zu berichten. Ich hörte nie wieder etwas von ihm. Ein paar Wochen vor Erscheinen – ein Spiegel ist schneller als jedes Buch – kam sein Artikel »Echt wahr. Warum Politiker niemals authentisch sein können.« Vielleicht gibt es doch einen Hegelschen Weltgeist: Manche Themen kommen irgendwo her, steigen auf und landen dann irgendwo.

Wer ausspricht, dass pure Authentizität mit Vorsicht zu genießen ist, hatte noch vor Kurzem sofort alle gegen sich. Ich hatte genau das getan. In der *ZEIT* gab es deshalb einen kleinen Shitstorm unter einer Rezension der Hardcover-Auflage »Sei nicht authentisch!« Dieser Satz ist inzwischen Gemeinplatz. Es gehört inzwischen fast zum guten Ton, Zweifel am Nur-Authentischen zu äußern.

Schließlich, »Sei Authentisch!« oder eben nicht, das berührt meinen Beruf ganz existenziell. Ich arbeite daran, Menschen mehr rhetorische Wirkung zu geben. Insofern ist dieses Buch eine praktische Rhetorik mit pointierten Beispielen – die wegen meiner Übertreibungslust nicht immer so ganz ernst gemeint sind.

Stefan Wachtel, im April 2024

DAS HERZ AUF DER ZUNGE

Dieses Buch handelt von uns. Und dieses Buch handelt von Menschen, denen nichts in die Wiege gelegt wurde und die doch etwas hermachen. Es sind nicht unbedingt Überflieger, aber sie gewinnen. Sie gewinnen Aufträge, Preise, Blumentöpfe. Und sie gewinnen Menschen. Weil sie mehr sind als nur authentisch. Dieses Buch handelt aber auch von Menschen, die nichts dazulernen wollen, von allerlei allzu Authentischen, die am Ende verlieren.

Eine Klarstellung: Ich sage nicht, dass Sie niemals authentisch oder spontan sein sollen. Sie müssen Werten treu sein, Sie müssen berechenbar sein, Sie müssen wissen, was Sie sich und anderen zumuten können. Ich plädiere auch nicht für freudlose, humorlose Arbeit an sich selbst und schon gar nicht für blanke Verstellung. Ich plädiere dafür, an einem guten Eindruck zu arbeiten. Das ist eine Kunst. Deshalb heißt das Taschenbuch zu meinem Nicht-Authentisch-Buch besser *Die Kunst des Authentischen*. Es diskutiert nicht mehr nur Auftritte von Menschen, sondern auch technische und literarische Fakes.

Wir wollen authentisch sein, das ist fein. Und, jetzt kommt es: Wir wollen authentisch scheinen. Wenn wir so richtig ehrlich sind, werden wir sagen: Das ist uns eigentlich noch wichtiger. Das Buch ist die Anleitung dazu. Es entwickelt die Strategie, sich selbst und Ihre Arbeit an sich in ein gutes Verhältnis zu setzen. Auf den folgenden Seiten biete ich Beispiele und Einsichten zu der einen Frage, die uns alle interessiert: Wie ist mein *Ausdruck*?

Sie werden erkennen, auf welche Weise Sie authentisch sein sollten – und auf welche Weise das nicht gelingt. Sie werden einsehen, dass die Art, wie Sie nun einmal sind, oder die Frage, ob Sie einen guten oder schlechten Tag haben, keine Rolle mehr spielen muss. Und Sie werden in der Lage sein, eine bessere Art des Auftritts zu entwickeln. Dieses Buch kann Ihre Methode verbessern, mit der Sie *Eindruck* machen.

Wir alle glauben, dass wir überzeugen können, wenn wir nur eins sind mit uns, wenn wir genau das tun, wozu wir »stehen können«. Wenn wir wir selbst sind, so wie wir gerade sind. Das ist ganz erstaunlich, denn unsere Alltagserfahrung erzählt uns täglich vom Gegenteil. Wo immer Menschen nur sie selbst sind und sonst nichts, geht eine Menge schief. Wenn Menschen hinzukommen, die »mehr aus sich machen«, geht vieles besser. Ihre Frage wird sein: Gehöre ich zu denen, die »über sich hinauswachsen« können – die mehr sein können? Die zum Authentischen, das sie mitbringen, etwas beimischen können, das Sie als Profi ausweist? Dieses Buch kann Ihnen dabei helfen, die Antwort auf diese Frage zu finden. Sie werden nach der Lektüre entscheiden, dass Sie zur ersten Gruppe gehören wollen.

Szene 1: Eine Frau und ein Mann wollten etwas erreichen. Sagen wir, sie wollten eine Genehmigung bekommen, ein Restaurant an einer bestimmten Stelle zu betreiben, und in ein paar Tagen würden sie ein Gespräch dazu haben, es stand viel auf dem Spiel, es konnte der entscheidende Schritt ihres Berufslebens werden. Aus ihrer Umgebung hörten die beiden: »Das macht ihr schon, ganz spontan, da geht ihr dann hin und da wisst ihr dann ja schon.« Wahrscheinlich konnten sie sich keinen Coach oder Berater leisten. Sie kamen auch nicht darauf, dass man sich vorbereiten, dass man an sich arbeiten kann – das ist durchaus verständlich. Der wichtige Termin wurde zum Fiasko, denn im Gespräch sagten sie all das, was ihnen gerade in den Sinn kam, vielleicht waren sie auch nicht passend angezogen. Sie hatten keinen guten Plan. Sie waren zu authentisch und bekamen die Genehmigung nicht, aber sie sagten sich: Das passiert uns nicht ein zweites Mal. Dies ist die wahre Geschichte von zweien, die im zweiten Anlauf eines der heute teuersten Restaurants der Schweiz führen.

Szene 2: Ein Spitzenpolitiker, er hätte das Geld für einen oder zwei Berater, dazu stehen ihm noch alle Fortbildungsmöglichkeiten seiner Partei zur Verfügung. Doch er wollte so bleiben, wie er ist. Er bereitete sich allenfalls »inhaltlich« vor, er wollte sich schließlich nicht verbiegen lassen – und scheiterte. Dieses Taschenbuch erscheint kurz nach Europas Super-Wahljahr. Allein in Deutschland ist das Problem des Authentischen gerade mit Händen zu greifen. Gleich vier Kanzlerkandidaten wollten allzu authentisch sein, und mussten verlieren: Stoiber, Steinmeier, Steinbrück – und im Wahljahr 2017 kam einer, der gleich von sich selbst sagte, er sei authentisch. In deutschen Bundestags-Wahlkämpfen hat sich diese Geschichte gleich vier mal zugetragen, und sie könnte sich vermutlich auch in Zukunft wiederholen, denn der Deutsche stammt vom Deutschen Schäferhund ab, aber darüber reden wir später.

Hinter beiden Geschichten stehen dieselben Fragen: Wer bin ich, wenn ich verkaufe, manage oder auftrete? Und interessiert das jemanden? Muss ich etwas dafür tun? Sind Topmanager, die ich im TV sehe oder auf der Betriebsversammlung höre, authentisch? Sind Politiker authentisch oder tun sie nur so? War die Kanzlerin authentisch? Und wenn nicht, warum war sie dann erfolgreich? Zweimal habe ich am Bieterkampf um die Vorbereitung des TV-Duells zur Bundeskanzler-Wahl teilgenommen. Ziel ist dort alles Mögliche, nur nicht authentische Menschen.

Die Antwort auf die Fragen kann ich schon jetzt verraten: Authentisch sind sie alle nicht. Manchmal muss man sagen: glücklicherweise. Die wichtigere Frage für Sie wird sein: Was kann ich tun, damit ich authentisch scheine? Meine Antwort lautet: das Buch lesen, Methoden lernen, Ihre Wirkung gut vorbereiten. Ich bin Mechaniker des Auftritts. Aber ich weiß auch, alle Mechanik nützt nichts ohne Haltung. Die Frage ist, warum manche Menschen im richtigen Film spielen – und manche nicht. Und vor allem, wie Sie erkennen, wenn Sie im falschen Film sind, und wie Sie da heraus kommen, in den richtigen, den »Executive Modus«.

Wenn Sie ein gutes Maß finden wollen, stehen Ihnen drei Hindernisse im Weg. Das erste ist ein Strauß von Klischees und Missverständnissen. Das zweite sind fehlende Methoden. Das dritte Hindernis sind Sie selbst. Davon handelt der letzte Teil: Wie passen Sie in den Film, in dem Sie jeden Tag spielen?

Vorher noch zwei Geschichten, die eine liegt sechzig bis siebzig Jahre zurück, die andere etwa zehn. Die erste ist in einem wunderbaren Buch beschrieben, die andere handelt von einem umstrittenen Buch.

ZWEI EXTREME

Ehrlich Nichtauthentisch

Wie das Unechte Menschenleben rettet

Als Adolfo Kaminsky seinen ersten Ausweis fälschte, in seinem späteren Labor mit dem Geruch des Holztisches, von Tinte und echter Feder, da trug er einen sehr französischen Namen ein, Julien Adolphe. Er schrieb mit der Schrift eines kleinen Standesbeamten langsam die Buchstaben auf den gerade gebastelten Karton. Nicht nur das, alles musste er sich mühsam aneignen. Er verschlang Chemiebücher, in denen die Zusammensetzung von Tinte und Klebstoff erklärt war, und dass blaue Waterman-Tinte mit Milchpulver löschbar ist.

Adolfo Kaminsky war argentinischer Jude, der in Frankreich lebte, mit einem gelben Stern auf seiner Jacke, die deutschen Besatzer verlangten das. Es war das Jahr 1943. Die Resistance gegen Hitlerdeutschland verlangte es, dass er fälschte. Und sein Gerechtigkeitsgefühl verlangte es.

Als Adolfo Kaminsky ein zweites Mal zum Fälscher wurde, unterstützte er viele hundert seiner Landsleute, die nach Palästina auswandern wollten und von den Briten abgewiesen wurden – durch fälschen. Als sich abzeichnete, dass Israel selbst in der Verfassung Menschen nach Blut und Religion trennte – das Wort »Apartheid« gab es noch nicht – blieb er selbst lieber in Paris zurück.

Die nächste Gelegenheit kam bald. Unterstützer des algerischen Freiheitskampfes brauchten seine Dienste, und wieder half das der Menschlichkeit. Die Schweizer Ausweise waren immer am Schwersten zu fälschen, wegen des besonderen Papiers, aber Adolfo schaffte schließlich auch das, durch Mullbinden, die er in die Papierherstellung einwob. Ein drittes Mal wurde er der Meisterfälscher einer ganzen Bewegung. Seinen falschen Namen, er hatte sich im Auftrag der jüdischen Freiheitsbewegung Alija Bet auch selbst einen Ausweis gemacht, behielt er gleich bei, Julien Adolphe Keller.

Schließlich war seine Aufgabe das Fälschen von Geld – der Widerstand gegen den Algerienkrieg wollte durch große Mengen Falschgeld die französische Wirtschaft destabilisieren. Kein einziger der Scheine wurde je verwendet. Als der Algerienkrieg plötzlich vorbei war, verbrannte Adolfo die Scheine – es brauchte Wochen, wegen der guten Qualität.

Adolfo Kaminsky würde heute noch arbeiten. Jeden einzelnen Ausweis würde er heute wieder fälschen, weil er mit der Herstellung von Unechtem Leben retten kann. Das ist mehr als eine hübsche Geschichte. Es ist eine Gelegenheit, klarzustellen, dass nicht nur das Authentische ehrenwert ist, sondern öfter als wir denken auch seine professionelle Weiterentwicklung.

Tellkampen als Methode

Wie das Echte verarbeitet wird

Das Gegenteil gibt es auch. Es geht um geistiges Eigentum. Schon auf der ersten Seite eines Millionenbestsellers ging einer munter ans Werk, der sein Handwerk nun wirklich versteht. Zunächst lesen Sie bitte diese Vorbemerkung von Lothar-Günther Buchheim, *Die Festung*, 1995, Seite 9.

»Die Ereignisse, die in diesem Buch geschildert werden,
trugen sich zwischen Frühjahr und August 1944 zu.
Sie sind authentisch.
Die Personen hingegen *leben, so wie ich sie schildere,*
nur in meiner Vorstellung
und haben mit tatsächlich existierenden Menschen so viel
gemein wie der Bildhauerton mit einer Skulptur.«

Jemand anders macht daraus dieses hier, nicht schlecht, man erkennt es nicht auf den ersten Blick, jedenfalls nicht der Suhrkamp Verlag, der sich das und weitere 900 Seiten als rechtefrei hat aufschwatzen lassen, er hatte auch kürzlich die Schnauze voll von seinem Autor. Hier die Einleitung von Uwe Tellkamp, *Der Turm*, 2008, Seite 4:

»Die Handlung dieses Romans ist frei erfunden.
Die Personen, wie sie geschildert werden,
leben in der Vorstellung
und haben mit tatsächlich existierenden Menschen soviel
gemeinsam wie der Bildhauerton mit einer Skulptur.«

Und das schon, bevor es mit dem Text so richtig los geht. Das kann man ganz putzig finden, aber vergleichen wir mal die Seiten 797 bis 827 in *Der Turm*, die einem ganzen anderen Werk so ähnlich sind, das einem die Spucke wegbleibt. Szenen hinter Gittern, es geht um ein literarisches Gefängnistagebuch, hat die Produktionsfirma in der Verfilmung heraus genommen; die hatten vermutlich eine Ahnung, dass das nicht gut gehen würde.

Man darf fast ein ganzes Buch nehmen, und braucht nur die Sätze herum drehen, so dass sie irgendwie anders sind. Es gab ein juristisches Geplänkel, in der der Urheberrechtsanwalt Peter Raue zum Besten gab, was er vom Urheberrecht hält. Auch wenn Plot und zahllose Details dieselben sind, ist das kein Plagiat. Aber was ist es dann?

»Tellkampen« könnte diese Methode heißen, so wie »hartzen« der Begriff ist für rumhängen mit Hartz-IV-Alimentierung – und »tebartzen« nach dem Luxus-Bischof ein Wort ist dafür, dass man sichs auf höchstem Niveau gut gehen lässt. Tellkampen, das macht beileibe nicht nur Tellkamp, aber der ist ein Großmeister in dieser Kunst: »Wenn man das, was Tellkamp als für seine Handlung Nötige eingefügt hat, heraus nimmt, bleibt nichts anderes übrig als die Ursprungsgeschichte«, sagt der Herausgeber des Literaturzeitschrift *Signum* im TV über diese Methode, als ein anderer Autor seine Details im *Turm* wiedersah. Es sind teils kunstvolle, teils peinliche Fleißarbeiten. Das Tellkampen kombiniert zwei sprachliche Taktiken: Syntagmatische Ersetzungen: Inhalte von Sätzen werden umgestellt, und paradigmatische: einzelne Wörter durch andere. So etwas scheint effizienter als selbst einen Text zu kreieren, aber macht das Spaß? Unehrlich nichtauthentisch – die Quelle wird nicht angegeben – ist das Gegenmodell zum vorherigen Kapitel.

Zu dem Fall hat der Guttenberg-Jäger Martin Heidingsfelder eine Studie begonnen, mit äuffälligen Überschneidungen von Kapitel 60, zu einem ganzen Buch. Und es gibt die Liste mit etwa 60 Zitaten. Da geht es auch um Qualität, darum, dass daraus »sprachlich verlotterter Scheißdreck« wurde, wie Wolfgang Herrndorf über Tellkamps Elaborat schrieb. Kein schöner Gedanke, denn das Originalwerk *Delikt 220* ist von mir. Ich habe es in 100 handsignierten Exemplaren nachdrucken lassen, mit der Bearbeitung von Uwe Tellkamp zum Vergleich.

An einem Novembertag 2017 sitze ich zu einem Interview in der Berliner Redaktion des *Spiegel*, ein Tonbandgerät vor mir, Volker Weidermann fragt. Vorher hatte ihm Suhrkamp, nach dem Plagiat gefragt, vorgeschlagen, doch über etwas Schönes zu sprechen, und so etwas bringt einen *Spiegel*-Redakteur erst richtig auf die Palme. Weidermann hatte das ganze Ausmaß des Tellkampens erkannt. Ein richtig langes Interview wurde das. 105 Tage später seine E-Mail: »Die Übernahme – ausgerechnet der Stelle des Romans, in der die Dissidenz des Protagonisten, des Leiden des Protagonisten glaubhaft werden soll – dass ausgerechnet hier ein fremdes Leid – ohne es zu kennzeichnen, übernommen wird.« Aber irgendwie, schreibt er dann, sollte es trotzdem keine Story geben.

Sagt ein Mantafahrer zum anderen: »Ich hab in so nem Laden ne Bibel gefunden.« Sagt der andere: »Und, hast Du sie schon eingebaut?« Es ist nur so eine Meinung, es muss ja nicht so gewesen sein. Vor allem ist es nicht lustig.

WARUM WIR AUTHENTISCH SEIN WOLLEN

Jetzt aber zum Auftritt von Menschen: Wir assoziieren mit dem Authentischen vielfach:

- kein Blatt vor den Mund nehmen
- etwas frank und frei aussprechen
- das Herz auf der Zunge tragen
- Klartext sprechen
- frei von der Leber weg reden
- mit etwas nicht hinter dem Berg halten
- seiner Zunge freien Lauf lassen.

Wikipedia sagt: »Angewendet auf Personen bedeutet Authentizität, dass das Handeln einer Person nicht durch externe Einflüsse bestimmt wird, sondern aus der Person selbst stammt.« Das Wort »Authentizität« ist spätionischen Ursprungs, fast 3000 Jahre alt und bedeutet »Echtheit«. Oft kommt noch jede Menge Moralisches hinzu. So sollen wir sein? So wollen wir sein? So wie die, von denen wir sagen oder hören oder lesen, sie seien authentisch?

Warum manche Menschen authentischer scheinen

Jemand kommt herein, man spürt, er wird jetzt die Situation rocken, er wird Wichtiges beitragen, er zieht andere an, er hat es in der Hand. Vor allem aber: Er passt, so wie er jetzt scheint, in die Landschaft. Alles stimmt, von der Kleidung bis zu den Worten. Er ist im richtigen Film.

Er beginnt zu reden, wenige, klare Worte, unaufgeregte Gesten. Und vollends aufmerksam werden wir, wenn er sich im Raum bewegt. Die Person steht kurz in der Nähe des Ausgangs, macht einige Schritte, dann wendet sie sich den Anwesenden zu. Es scheint, als sei für jeden ein Lächeln da, ein kurzer Blick.

Ist der so? Oder was ist das, was ihn so erscheinen lässt? Hat er das mitbekommen, in den Genen? Oder hat er etwas vorbereitet, etwas gelernt? Macht er das zum ersten Mal oder jedes Mal so – oder jedes Mal anders? Wenn wir uns dafür interessieren, wer das ist, sind wir erstaunt: Er ist kein Schauspieler, auch nicht unbedingt ein Naturtalent. Mein Klient war ein Durchschnittsjunge mit Pickeln und Nickelbrille, der nie im Mittelpunkt stand. Er hat irgendwann Mathematik studiert. Dann ist er bei einer Strategie-Beratungsgesellschaft gelandet, wurde Controller, dann Finanzvorstand – und damit der Inbegriff des Graumäusigen. Aber diese Person hat gelernt, zu wirken. Ein paar Worte, der Auftritt, der Blick, die Klarheit der Statements: Das ist es. Das ist rund.

Oft sind das Menschen, die mehr um die Ohren haben als einen kleinen Auftritt. Sie haben mehr als ein paar Begrüßungsworte vorzubereiten – und trotzdem muss auch diese Aufgabe professionell gelöst werden. Sie führen börsennotierte Unternehmen oder Familienfirmen oder sie leiten Parteien. Sie sind keine Schauspieler, aber sie spielen in einem Film.

Kleists Gliederpuppe

Die Aufgabe eines Tänzers an einem Theater besteht nicht zuletzt darin, vollkommen grazil auszusehen. Keine falsche Bewegung, keine Asymmetrie, nichts Schiefes. Wenn wir das weiterdenken, dann sehen wir: Jeder Tänzer könnte froh sein, wenn er wie eine Marionette wäre. Haben Sie einmal ein Puppenspiel verfolgt? Jede Puppe hat eine unsichtbare Mitte. Dadurch wird nicht etwa jedes Glied einzeln bewegt, sondern von dieser Mitte aus »fallen« scheinbar die Glieder, obwohl sie vom Puppenspieler gezogen werden. Sie schweben, antigrav, sie werden offenbar nach oben gezogen. Der Schwerpunkt wird bewegt, der Rest folgt wie von selbst. Die Marionette hat keine Seele, sie hat keine Ziele und keine Bedürfnisse. Sie will nichts ausdrücken. Vielleicht ist sie deshalb so locker. Das ist die erste These um die Marionette. Sie ist authentisch auf der Stufe I.

Die Gliederpuppe hat zwei Vorteile. Sie ziert sich nicht, sie spielt immer im richtigen Film, und nie gegen die Regie – der Maschinist oben über den Puppen bewegt die Mechanik, er ist es, der »tanzt«.

Der entscheidende Grund ist aber ein zweiter: Die Puppe kann gar nicht schlecht spielen – weil sie keine eigenen individuellen Probleme macht. Missgriffe, wie sie bei Schauspielern immer wieder vorkommen, gibt es nicht.

Was ist mit uns, mit unseren Eigenarten und unseren »Missgriffen«? Ein Vorschlag: Sie sind »unvermeidlich, seitdem wir vom Baum der Erkenntnis gegessen haben. ... Das Paradies ist verriegelt und der Cherub hinter uns; wir müssen die Reise um die Welt machen, und sehen, ob es vielleicht von hinten irgendwo wieder offen ist.« Der Dichter Heinrich von Kleist schrieb das zu Anfang des 19. Jahrhunderts in seinem Aufsatz »Über das Marionettentheater« – die Überlegungen von eben waren seine. Seine These geht weiter: Die Gliederpuppe ist letztlich wie Gott, ebenso locker, aber ihm, der das unendliche Bewusstsein hat, stehen die mit null Bewusstsein gegenüber, denn es »kann der Geist nicht irren, da, wo keiner vorhanden ist.« Aber am Ende läuft es auf dasselbe hinaus. Beide sind locker. Die Marionette, weil sie nichts, und Gott, weil er alles im Kopf hat. Er macht einen authentischen Eindruck, weil er alles gelernt hat. Wir sollten nach ihm streben.

Aber Menschen haben die Eigenart, zurück zu wollen, zurück zur Natur, zurück ins Echte. Auch weil wir vermuten, dass – mit Kleist – »in einem mechanischen Gliedermann mehr Anmut enthalten sein könne, als in dem Bau des menschlichen Körpers«. Wir Menschen können nicht zurück. Wir sollten es nicht, und statt dessen weiter gehen. Das wäre dann wie ein Kreis, »wo die beiden Enden der ringförmigen Welt ineinander griffen«:

Wenn wir ein Stück Weges gegangen sind, stellt sich die Grazie wieder ein, die wir bei der Marionette sehen können. Entweder sollten wir, um authentisch zu sein, ganz ohne Bewusstsein herangehen – oder mit ganz viel, modern gesagt, mit Methode, mit Skills und Capabilities.

Wo die Sei-wie-du-bist-Ratgeber sagen: Geh zurück!, sage ich – mit Kleist, mit Verlaub: Geh vor! Lernen Sie etwas, machen Sie einen Plan, und bereiten Sie es vor. Vielleicht ist es ja so: Wenn sie etwas so richtig gut drauf haben, vielleicht die 10 000 Stunden plus Training praktiziert haben, dann scheinen Sie so authentisch wie der mit dem unendlichen Bewusstsein. Wenn Sie es auch nur fast schaffen. Sie sollten, mit Kleist »vom Baum der Erkenntnis essen, um in den Stand der Unschuld zurück zu fallen.« Ganz praktisch gesagt: Sie sind mit Training lockerer als jeder, der den umgekehrten Weg geht und ganz man selbst sein will. Sie gehen mit Übung den Weg hin zu einer höheren Lockerheit. Es scheint ganz authentisch, unverstellt.

Woher kommt der Wunsch nach dem Unverstellten?

Ich habe gezählt: Nicht weniger als dreizehn Mal in sechs Wochen bin ich vor der letzten Bundestagswahl von Journalisten gefragt worden, wie sich die Kanzlerkandidaten für den Bundestagswahlkampf rhetorisch vorbereiten. Ob und wie sie üben, ob das gut ist, ob sie es nicht besser sein lassen sollten, ob sie authentisch sind oder sein sollten.

Richtig leuchtet das Authentische aber erst durch das Gegenteil. Wir können heute durch die Medien hinter fast jede Kulisse sehen. In jedem Wahljahr beobachten wir die Mechanik des Wahlkampfes. TV-Sender überbieten sich darin, uns zu zeigen, wie die angeblich bösen Strippenzieher arbeiten – obwohl jeder sehen kann, dass viele Berater einfach nur anständig arbeiten, damit der Auftritt gelingt. Die Kunst wird seziert, um uns zu sagen: Wie schrecklich; Nichts ist mehr echt.

Zum einen hat das einen religiösen Grund. In der Bibel heißt es: »Denkt nicht nach, was Ihr zu sagen habt: Es wird Euch eingegeben werden.« Kein geringerer als Gott spricht aus uns. Ohne jede Absicht, von ganz hoher Stelle kommt der Redeplan.

Zweitens hat die Wertschätzung des Authentischen historische Gründe: Ludwig XIV war der erste Prototyp des Nichtauthentisch-Erfolgreichen. Er verkörperte perfekt den Staat – und eben nicht sich selbst. Sein monströses Team aus Hunderten Höflingen unterstrich die Inszenierung und wurde deshalb »vergöttert«. Als es jedoch Mode wurde, kippte der Hang zur übertriebenen Darstellungskunst zum ersten Mal, wie alles, was übertrieben wird. Später startete Jean-Jacques Rousseau den Gegenangriff. Er machte ein Fragezeichen hinter die Entfremdung der mechanischen neuen Welt und wurde sofort missverstanden als Aufrufer zu bloß sentimentaler Verherrlichung der Natur. »Zurück!« lautet auch heute noch der Schlachtruf. Aber es gab schon früh Zweifel an der Selbstoffenbarung innerer Echtheit. Goethes Biograf Eckermann bekannte etwas später, manchmal allzu authentisch zu sein. Goethe tadelte ihn, »jenes offene Freigeben individueller Zuneigungen« sei »ungesellig«. Das allzu Private passt nicht. Goethe wusste das; es war eines seiner »Erfolgsgeheimnisse«, würden wir heute sagen.

Nach der Klassik, nach der vermeintlich künstlichen Genialität Goethes und Schillers, gab es eine Menge Sehnsucht nach dem Ursprünglichen. Die Romantik entwickelte sich. Sie war eine einzige Kirmes des Authentischen. Man wollte den wahren Menschen wiederfinden, durch Ausflüge in Wald und Flur, gegen den aufkommenden Kapitalismus, mit Dichterinnen und Dichtern, die sich in den Rhein gestürzt haben, weil sie vermeintlich nicht authentisch leben konnten. Bald darauf ging es erst richtig los mit dem Kult des Authentischen; es kam der Biedermeier. Die Menschen waren gerade mit der modernen Welt in Berührung gekommen und flüchteten erschrocken wieder zurück in ihr Heim. Sie machten es sich innerlich bequem.

Der dritte Grund ist die deutsche Kultur. Die ist wie geschaffen für das Authentische: ganz sachlich, ohne jede Verformung. Spätestens seit 1968 ist das sichtbar. Auch in anderen europäischen Ländern war diese Idee wegweisend, in Deutschland aber ganz besonders. Das Klischee des Echten und Innerlichen wurde Staaträson und eroberte die Schulen. Spontan sein wurde das Ziel, ganz man selbst – ohne Methode. Was heraus kam, wurde zweitrangig.

Der vierte Grund: Das Authentische bringen wir in Stellung gegen die Amerikanisierung der Managementkultur. Der angelsächsischen Inszenierung des globalen Spitzenmanagements wurde schon bald nach dem Krieg das Unverstellte, Echte als Credo entgegengestellt: Wir sind wie wir sind – während ja anderswo geschauspielert wird. Sicher, der Auftritt, die Verführung durch Inszenierung gehören dort zum Grundschulwissen. Aber: Ist das schlecht? »I did it my way« sang Frank Sinatra. Gerade er war einer der Lichtgestalten der Inszenierung, authentisch war der bestimmt nicht. Es scheint bis heute beides zu gelten: Wir Deutschen genießen professionelle Performance – aber wir verabscheuen sie auch.

Die Hand auf der Brust

Seit ich drei Jahre lang Ansagen mit Passagierpiloten trainiert habe, sehe ich ein Bild vor Augen. An der Wand des Seminarraumes auf der Airline-Basis hing ein Cartoon, darauf ein Koch, der aus der Flugzeugkombüse kommt und kleinlaut sagt: »Mir ist heute nicht nach Kochen zumute.« »Zumute« klingt wie »smutje« in der Schiffskombüse. Der Witz steckt aber auch in einem grandiosen Missverständnis, das uns das ganze Buch hindurch beschäftigt: Sicher, man benötigt zum Kochen Muße. Diese hat man aber nicht auf Befehl. Da haben wir es wieder: Der aus dem Cartoon will authentisch sein. So richtig aus sich heraus kann er heute nicht kochen. Aber wenn er ein guter Koch ist, ein Profi, tut er es doch.

Nach dem gehen, wonach einem zumute ist, das wird nicht wirklich geschätzt. Der Koch, der Chef, die Moderatorin, der Lehrer, der Manager, der Politiker, alle sollen authentisch sein und nur tun, wonach ihnen zumute ist. Aber so ganz authentisch scheint es eigentlich nirgendwo zuzugehen. Denn der Koch muss kochen, auch wenn ihm nicht danach zumute ist, es gehört zum Vertrag. Der Manager muss eine Rede halten, das gehört zum Vertrag, auch wenn es ihm gar nicht liegt. Der Politiker muss sich unentwegt wiederholen, obwohl er etwas anderes sagen möchte. Der Berufsalltag verlangt oft Verhalten, das nicht aus sich selbst kommt. Das Authentische ist hier nicht mehr als eine Tüte voll Klischees.

Nicht nur Menschen, auch Gegenstände werden als authentisch deklariert. Es gibt zum einen die Authentizität im Sinne von Echtheit: kein Fake, prüf- und beweisbar. Und zum anderen gibt es Echtheit als Etikett. »Eine ehrliche Uhr«, sagt der Uhrenhändler, »ein ehrliches Auto«, sagt der Autohändler.

Das wollen die Kunden, kein italienisches Gedrehe am Tacho, keinen polnischen Wiederaufbau des Unfallgerätes, sondern etwas, das einen anguckt wie eine Kuh aus dem Allgäu. Die Zuschreibung »authentisch« befriedigt offenbar einen Kundenwunsch. Und man kann es steigern. Ins Erstaunliche! Auf ebay fand ich dies: »Autentico stupefacente Gucci Beige« – »Amazing authentic Gucci shopping Beige shopping« – mit der schönen Übersetzung »erstaunlich authentische Gucci Einkaufen Beige.«

Wir flüchten uns in das Authentische. Das Innerliche spielen wir aus gegen sein Pendant, gegen das Äußerliche, das wir nicht sind, das wir tun sollen, das von uns verlangt wird, das wir nicht durchschauen, das Aufgedrängte, das uns angeblich verbiegt. Viel lieber ziehen wir uns zurück: Wenigstens sind wir dann authentisch: So bin ich: Die Hand auf der Brust, das Herz auf der Zunge. Und manchmal die Faust in der Tasche.

Gefangen in uns selbst

Authenticity Bias

Wir kennen diese Momente, in denen wir merkwürdig wortreich werden, mehr sagen, als uns lieb ist, uns »um Kopf und Kragen« reden. Wir sind in der Enge, meist in der Rechtfertigung, oft in höchster Not. Man sieht es uns an. Wir sind authentisch. Das Authentische macht uns Probleme. Es reitet uns tiefer hinein, es ist gefährlich.

Wir alle verspüren eine ganz grundsätzliche Neigung, authentisch zu sein. Dieses Phänomen heißt »Authenticity Bias«. Die US-Forscher Anthony J. Onwuegbuzie, Nancy L. Leech und Kathleen M. T. Collins haben es beschrieben, zunächst 2008 und dann 2010.

Der Bias ist eine verhängnisvolle Neigung, ein Fehler unserer Natur. Ein Bias taucht immer dort auf, wo wir Irrtümern aufsitzen. Aber das wissen oft erst danach. Der Authenticity Bias verhindert überzeugendes Auftreten, Reden, Antworten, Erscheinen.

Authentisches allein nützt uns nichts. Wir müssen etwas hinzutun. Pure Authentizität ist zunächst wertlos, nur als Eindruck ist sie wertvoll. Dass am Ende immer die anderen entscheiden, das ist schon ziemlich lange so. Akzeptanz ist die Währung dafür. Auf unser Thema angewendet heißt das: Authentisch genannt wird nur, was dem Publikum authentisch scheint. Die anderen entscheiden: authentisch – oder nicht.

Wir aber fallen oft wieder zurück auf ein Repertoire tief sitzender Verhaltensweisen, die an uns kleben wie Pech. Das ist keine neue Weisheit. Aber wir verwechseln manchmal dieses angeblich »aus dem Bauch« kommende Verhalten mit Authentizität. Das gibt uns drei Rätsel auf.

1. Allein weil dieses Verhalten angeblich direkt aus uns heraus kommt, wird es als ethisch anständig angesehen. Am Auftritt zu arbeiten gilt als unfein.
2. Allein weil dieses Verhalten angeblich direkt aus uns heraus kommt, wird es als unabänderlich, natürlich oder echt angesehen. Daraus wird ein Argument gegen Veränderung.

3. Allein weil dieses Verhalten angeblich direkt aus uns heraus kommt, glauben wir, damit auch erfolgreich durch das Berufsleben zu kommen. Damit werden wir Opfer von Ideologie.

Dabei wünschen wir uns in den besonders authentischen Momenten sehnlichst das Gegenteil. Wir wünschen uns weit weg, dass die anderen nicht sehen können, wie wir gerade sind und wie wir uns fühlen. In diesen Momenten hätten wir liebend gern das Unechte, mit dem wir dies und das verbergen könnten. Wir würden dann gerne andere unserer Eigenschaften in den Vordergrund stellen, gern auch nur irgendetwas, eine gelernte Prozedur, einen Spruch, eine Taktik, aber es gelingt oft nicht. Es gelänge mit einem Plan, einer Methode, einer anderen Einstellung, einem anderen Film, einem anderen Modus.

Die zweite Natur

»Freund, langdauernder Übung bedarf's, so sag' ich;
Sie wird dann sich als zweite Natur der Menschen
schließlich erweisen.«

Aristoteles, *Nikomachische Ethik*

Während wir glauben, das Authentische seien wir selbst, ist längst klar: Unser Verhalten ist oft nur Gewohnheit. Aus einer schlechten Gewohnheit wird aber nichts Gutes, auch wenn man sie authentisch nennt. Aus einer ersten Natur wird nur eine zweite Natur, mehr nicht. Schauen wir genauer hin.

Für den Rhetoriker Cicero gab es nicht nur die eine, ganz authentische Natur. Als zweite Natur erkannte er die Gewohnheit (»Consuetudo quasi secunda natura dicitur«). Spätestens seitdem ist die zweite Natur ein fester Topos. Natur ist nicht mehr nur das Pur-Authentische, sondern alles, was wir tun. Was nicht nur aus uns selbst kommt, erkannte man schon früh als Teil von uns selbst. In der Neuzeit taucht die zweite Natur unter negativem Vorzeichen wieder auf. Philosophen des Stalinismus, eine der grandiosesten Entfremdungsmaschinen der Geschichte, geißelten später die zweite Natur als Entfremdung. Die zweite Natur gehörte bald zur »Welt der Ware«, sie wurde als böse erkannt, nicht echt. Spätestens seit 1968 ist dieser Gedanke nun wieder ein Gemeingut. Was nicht geradewegs aus dem Innersten kommt, gilt als verdächtig.

Tausende Jahre alte Einsichten werden vergessen. Schon Aristoteles, der die zweite Natur als allererster nannte, war in seiner *Nikomachischen Ethik* dieser Sicht voraus. »Denn es ist immer noch leichter, die Gewöhnung umzubilden als die Naturanlage; ist doch auch der Grund, weshalb die Gewöhnung schwer zu ändern ist, eben der, dass sie zur zweiten Natur geworden ist.« Er wusste: Auch die zweite Natur ist eine Natur. Das ist uns heute verloren gegangen. Als authentisch darf vorgeblich nur das gelten, das von ganz innen kommt und gar nichts mit dem Äußeren zu tun hat. Die erste Natur okkupiert die zweite.

Faking Intelligence

Eine junge Amerikanerin hatte im Alter von 19 Jahren einen Autounfall, irgendwo in Wyoming, als Sicherheitsgurte noch nicht Pflicht waren. Sie trug eine Hirnverletzung davon. Als sie aufwachte, sagten ihr die Ärzte, ihr IQ sei um zwei Standard-Abweichungen beeinträchtigt, sie würde niemals einen Schulabschluss machen können. Mit 22 kam sie an die Highschool zurück. Es dauerte lange, aber sie schaffte es: Sie hatte zu knabbern, aber trotzdem wollte sie auch noch studieren, und zwar nicht irgendwo. Sie konnte die entscheidenden Personen überzeugen, sie an der Princeton University anzunehmen. Geht das gut? Mit Ach und Krach?

Die Frau erklärt, es sei »Fake« gewesen. Und dass sie »faked«, bis heute, exakt mit diesem Wort formuliert sie ihren Berufsweg. An ihrem ersten Tag an der Uni wollte sie wieder gehen, sie gehörte ja nicht wirklich hierher. Ihr Betreuer sagte ihr: »Du fakest es einfach, während Du es tust. Du tust so, als ob Du studierst, dann schreckt es Dich nicht mehr.« Und so kam es. Sie sagt heute selbst, dass sie alles gefaked hat, in Princeton, an der Northwestern University und an der Harvard University. Dort sagte eines Tages einer ihrer Studenten zu ihr über den Leistungsdruck: »Ich beende das, ich kann das nicht.« Da musste sie daran denken, dass sie selbst ja auch letztlich gefaked hat, während sie studiert hatte. Sie stellte es dar, während sie es wirklich wurde. Sie riet ihrem Studenten, es genau so zu tun. Eine irre Story. Die junge Frau mit der Hirnverletzung ist heute Professorin an der Harvard Business School.

Die TED Conference in San Francisco ist die Königin der Events der digitalen Welt. Wer hier etwa sagen darf, hat es geschafft. Apple-, Google- und Facebook-Chefs, alle haben sie dort referiert. Trotzdem schaffte es jemand mit einem etwas zweifelhaften Thema dort hinein: Eine junge Harvard-Professorin erreichte im Ranking der angeklickten Vorträge schnell einen Spitzenplatz. Der Vortag stellt Forschungen vor, aber der Grund für die Wirkung des Vortrages war auch eine persönliche Geschichte. Der Grund war ihre Geschichte von der gefakten Intelligenz. Diesen Vortrag hielt dieselbe junge Frau mit dem Unfall in Wyoming.

Abstand zu sich selbst

Michael Jackson verließ sein Londoner Hotel, nur für ein paar Minuten. Er schlich an der Rezeption und ganz nah am Gemäuer vorbei, zu den Fans, die er vom Fenster aus gesehen hatte. Sie schliefen in Schlafsäcken, um am nächsten Morgen vielleicht ein Bild ihres Stars zu erhaschen. Er kam unten an und begann die Schnürsenkel der Schuhe zusammenzubinden, die sie auf ein Häufchen gelegt hatten.

Was man braucht, um so etwas zu tun, nennen wir Abstand. Zu sich selbst, was bedeutet, schräg zu dem Film stehen zu können. Selbst auszusuchen, in welchem Film man spielt. Abstand bedeutet, schräg draufsehen zu können. Die Portion Abstand, die zu der Schnürsenkelgeschichte gehört, ist gewaltig. Michael Jackson hätte »drüber« stehen können, sein Leben lang. Aber er schaffte nicht immer die Balance aus Mensch und Film. er besaß nicht die Leichtigkeit. Nur in wenigen Momenten wie an diesem Abend.

Aber mit der Leichtigkeit ist es so eine Sache, wie an diesem Abend. Einer der Fans erkannte ihn und schlug Alarm, alle vermuteten einen Dieb. Sofortige Flucht und die Inszenierung zerfiel. Michael wollte ja nur ganz kurz authentisch Michael sein. Aber er wurde wieder in seinen Film hineingestoßen. Sein kleiner Vorrat an Abstand zu sich selbst war aufgebraucht, als er nicht mehr, wie die meisten von uns, sich abends einfach schlafen legen konnte.

Die Vorstellung, Abstand zum eigenen Leben zu haben, in einem Film mitzuspielen, irritiert Sie? Stellen Sie sich das Umgekehrte vor. Sie sprechen über sich selbst, einfach so, wie sie sind. Authentisch I, sozusagen. Stellen Sie sich vor, sie werden nach vorn gebeten oder Sie sollen einfach nur kurz aufstehen. Man sagt Ihnen, Sie sollen nicht spielen, Sie sollen einfach Sie selbst sein, einfach machen. Man sollte meinen, das befreit. Keine Rolle, keine Aufgabe, kein Korsett. Es ist natürlich nur ein Gedankenexperiment.

Genau das haben wir getan. Als ich am Theater Sprechlehrer war, habe ich zusammen mit dem Bühnencoach junge Schauspieler, die dort beginnen wollten, gebeten, gar keine Rolle zu spielen. Einfach nur sie selbst, über sich sprechen, ganz unverstellt. Es war grauenhaft. Zwei oder drei von ihnen hatten gerade einen Arbeitsvertrag unterschrieben. Als wir sahen, wie sie sich gaben, so ganz ohne Rollen, machte sich Entsetzen breit, der Intendant wollte seinen Anwalt anrufen. Vielleicht können wir das im Kopf behalten. Ganz echt, ohne Ihren Film, sehen Sie nicht unbedingt besser aus.

Wir können das überall dort beobachten, wo Menschen sich selbst vorstellen, wenn die versuchen, der Wahrheit ganz nah zu kommen, wie sie sind, in möglichst korrekter Reihenfolge zu sagen, wie sie heißen und was sie wann getan haben. Es ist manchmal furchtbar, nicht nur, weil es langweilig ist. Es ist ohne Vorbereitung oft richtig schlecht. Das Einfachste kostet Mühe. Natürlichkeit sei die Schwerste aller Posen, schrieb Oscar Wilde.

Das Märchen vom Kern

Das Innerste ist der wahre Gral, und auf der Suche danach ist oft fast jedes Mittel recht. Um es, wenn nicht zu finden, dennoch behaupten zu können, hatten Markenberater eine tolle Idee. Sie sagen: Es gibt einen Kern, auf den sich alles andere beziehen lässt – der Markenkern. Man kann so etwas gut für Gegenstände definieren, aber wie ist das bei Menschen? Der harte Kern, die weiche Schale – das ist ja ein alter Topos. Aber was ist der Kern? Ist es das, was Menschenfresser wieder ausspucken würden? Im Ernst: Der Kern ist eine wunderbare Metapher, aber sie führt in die Irre. Denn wir alle sind eine Schnittmenge aus allem, zu dem wir in Beziehung stehen oder standen.

Leider muss man es sagen: Wir sind nicht unteilbar, wir sein keine Individuen. Das In-dividuum, das nicht mehr Teilbare – ist kaum mehr als eine hübsche Idee. Wir sollten nicht annehmen, dass es so etwas gibt, denn die Vorstellung, nicht teilbar zu sein, ist verwegen.

Die Forscher Margaret King und Jamie O'Boyle belegen die These: Wir wechseln uns etwa alle 20 Jahre radikal aus, am radikalsten zwischen 15 und 20, dann in der Phase von 35 bis 40, dann wieder von 55 bis 60 und dann noch einmal, wenn wir die Gelegenheit dazu bekommen, mit über 75 Jahren. Das Authentische von gestern ist nicht das Authentische von heute.

Es gibt keinen immer gleichen Kern. Aber es gibt Wiederkehrendes, das zum Authentischen des Einzelnen gehört:

A Jemand spielt seinen Film mit markanten Eigenarten. Man erkennt ihn darin wieder (»Typisch Peter!«).
B Verschiedene Personen füllen einen Part sehr verschieden aus, weil sie ihn mit verschiedenen Verhaltensweisen und Redestilen umsetzen (»Der Claudia haben sie das besser abgenommen als der Kirsten.«).
C Die anderen haben eine Vorstellung davon, welchen Part jemand glaubhaft verkörpern könnte (»Das würde zu ihm passen.«).

Habituell und situativ authentisch

Wir können *habituell* authentisch sein – oder *situativ*. Das Habituelle bedeutet: Das ist an der Person dran, Eigenarten, die man nicht ablegen kann. Manchen Personen wird zugesprochen, sie seien per se, als Ganzes, authentisch, als Habitus. Solche Fälle gibt es ohne Zweifel, aber wir kennen leider vor allem Menschen, die gerade deshalb Probleme machen. Jeder schräge Nerd, jeder Autist gilt danach als authentisch, jeder jähzornige Brüller, jede Schnepfe oder Xanthippe. Sie sind ja, wie sie sind. Wenn wir sagen

»So ist sie eben«, sprechen wir über ein Problem – das diejenige nicht lösen will, weil sie so bleiben will, wie sie ist. Jemand kann nicht anders, kann sich nicht verändern, ist rigide, will nicht in die Rolle oder ist »von der Rolle«. Wir alle kennen einschlägige Beispiele. In diesen Rubriken haben Sie nichts verloren.

Sie kennen das Wort »tagesformabhängig«? Wir sind mal so und dann wieder so: Das ist situative Authentizität. Situativ authentisch ist der Mensch, wie er im konkreten Moment ist: Situativ authentisch, das ist durchaus nicht immer und nicht einmal typisch für eine Person. Wir fallen alle hin und wieder »aus der Rolle«, immer dann, wenn wir zu nah an uns selbst sind.

Vom Herzen

Als der Dramatiker Heiner Müller noch lebte, wollte ich ihn unbedingt live erleben. Die Chance gab es nach einer Theateraufführung in Ostberlin. Vorher sah ich sein »Herzstück«. Ich wollte es zunächst gar nicht, habe es aber nicht bereut und kann es seitdem auswendig:

> »Eins Darf ich Ihnen mein Herz zu Füßen legen?
> Zwei Wenn Sie mir meinen Fußboden nicht schmutzig machen.
> Eins Mein Herz ist rein.
> Zwei Das werden wir ja sehen.
> Eins Ich kriege es nicht heraus.
> Zwei Wollen Sie, dass ich Ihnen helfe ...
> Eins Wenn es Ihnen nichts ausmacht.

Zwei Es ist mir ein Vergnügen. Ich kriege es auch nicht heraus.
Eins Heult.
Zwei Ich werde es Ihnen herausoperieren. Wozu habe ich ein Taschenmesser? Das werden wir gleich haben. Arbeiten und nicht verzweifeln. So, das hätten wir. Aber das ist ja ein Ziegelstein. Ihr Herz ist ein Ziegelstein.
Eins Aber es schlägt nur für Sie.«

Na und? fragt im übertragenen Sinne der Autor in seinem »Herzstück« aus dem Jahr 1983. Wenn es doch nur ein Ziegelstein ist? Wenn das Authentische am Ende doch nur das Ungehobelte ist?

Das Authentische hat auf der linken Seite der Brust einen sicheren Ort. Das Herz schafft Unglaubliches. Es ist das einzige Organ mit einer eigenen Sprache. Und der Sprache des Herzens widerspricht man nicht ungestraft. Die ganz großen Gesten führen zum Herzen. Das Herz macht schlaflos, das Herz legitimiert alles. Alle authentischen Regungen kommen von dort, Eifersucht, Enttäuschung, Hass, alle Aggressionen, auch alle Trauer. Erst wenn das Herz bricht, ist alles vorbei.

Am nächsten sind wir uns selbst und angeblich den anderen, wenn uns etwas »am Herzen« ist oder liegt. Die Metapher des Authentischen steht jenseits aller Professionalität, was ganz vom Herzen kommt. »The best teacher teaches from the heart, not from the book«, lässt die US-Starcoachin Lynda Spillane einen »unknown author« sagen. Wer vom Herzen coacht, muss keine Methode haben, und wer vom Herzen kommt, muss sich nicht mit Begründungen plagen. Kopf oder Zahl, Herz oder Verstand. Entweder vom Herzen, ohne Plan, oder mit Methode.

Wer das ganz schwere Geschütz Herz auffährt, setzt sich sofort dem Verdacht aus zu übertreiben. Das Herz als Kronzeuge anzurufen, jeden Verweis darauf sollten Sie sich gut überlegen. Wer sich schnell die Brust aufreißt, macht sich verdächtig. Kommen Sie also nicht allzu schnell mit dem Herzen, es kann Ihnen um die Ohren fliegen. Vorsicht mit der Inszenierung dieser Metapher, sie ist selbst schon wuchtig genug. Und auch irreführend. *Par coeur*, vom Herzen, nennt die französische Kultur das Auswendig Gelernte. So ganz stimmt das nicht; es tut ja nur so als käme es geradewegs da heraus.

Das Paradox des Authentischen

Die *Harvard Business Review* nannte ihre Coverstory im Januar 2015 »The Authenticity Paradox«. Dahinter stand das Buch von Herminia Ibarra, *Act like a leader, think like a leader*. Sie meint: in dieser Reihenfolge. Das Paradox besteht nach Ihrer Arbeit mit angehenden Managern, dass, je mehr jemand nach Authentizität strebt, indem sie oder er bei sich bleibt, desto weniger kann sie oder er andere bewegen – und desto weniger authentisch scheint sie oder er. Damit könnten wir fast die Überlegungen abschließen, was Menschen angeht.

Und Gegenstände? »How authentic!« In einem Uhren-Blog, der einzig für Replicas, also Fälschungen eingerichtet wurde, gab es Fotos einer besonders schönen Vintage-Panerai aus den 1950er-Jahren. Die Fans bewundern die

Fotos des Nachbaus, machen einander Komplimente, was für eine tolle Uhr sie jeweils besitzen. Einer schrieb: »Amazing: How authentic!« Jeder der Beteiligte wusste, dass es ein Fake ist, die Blogger versammeln sich ja dort nur aus Liebe zur Kopie. Über einem Laden in der türkischen Stadt Lara steht in akkuraten Lettern: »Echte getürkte Uhren«. Gerade das nicht Echte, das fast so ist, das durch fleißige Handwerkskunst aufgewertete und exakt Hergestellte, das ist das Höchste. Gerade das Nicht-Authentische wirkt.

Wer nicht-authentische Kopien herstellt, ist aber selbst nicht vor dem selbst-Kopiertwerden gefeit. Dieselben, die kopieren, warnen ihre Kunden, bei den Kopien ihrer Kopieverkaufs-Sites zu kaufen. Sogenannte Scam-Seiten, die so tun als seien sie echt, machen den Kopien-Verkäufern zu schaffen. Das wäre ja noch schöner. Die wehren sich.

Roger Ailes ist einer der härtesten und erfolgreichsten Medienberater der Republikaner in den USA. Er hat Auftritte von Ronald Reagen mit vorbereitet, er hat George W. Bush senior und den Junior beraten. Erinnern wir uns an die übertriebene Militärparade zum Ende des Irak-Krieges, der dann ja doch nicht zu Ende war. Der Präsident trat hilflos mit wichtiger Miene vor den aufgereihten Soldaten auf. Er spielte in einer Art Film. Das wäre in Ordnung gewesen, wenn es glaubhaft gewesen wäre. Aber Inszenierungen von G. W. Bush jun. hatte nicht diese feine Balance aus authentisch und Film, die Auftritte glaubwürdig macht. Ich habe die Coaches der demokratischen Präsidenten dazu fragen können: Sie sagten: Die Republikaner hatten noch ein paar Tricks mehr als wir. Er meinte: Sie haben es übertrieben. Es schien nicht einmal authentisch!

Derselbe Roger Ailes schrieb ein Buch mit dem Titel *You are the Message*. Es trägt im Untertitel einen erstaunlichen Rat: »Getting What You Want by Being Who You Are.«: Wie Du bekommst, was du haben willst, indem Du Du selbst bist. Ein Mann, der seit Jahrzehnten nichts anderes tut als Auftritte zu formen, die nur so scheinen als seien sie authentisch, in denen seine Klienten gerade nicht so sind, wie sie der Herrgott geschaffen hat. Glaubt er das selbst? Ja. Und das ist paradox.

Das ist das Paradox: Vieles, das authentisch sein soll, ist es gerade nicht. Behauptet wird: »Sei wie Du bist!«, gemeint ist am Ende: »Sei wie Du wahrgenommen werden willst!« Ein ehrbares Anliegen wird zum Hemmschuh. Genau deshalb nannte die *Harvard Business Review* ihre Coverstory im Januar 2015 »The Authenticity Paradox«.

Es gibt Künstler, die sowohl ein originales Bild ehren als auch die Kopie gleich mit liefern, Appropriation-Artists, Eigentums-Künstler. Unter eigenem Namen, aber mit Nennung des Original-Künstlers, wird verwischt, was original und was nicht authentisch ist. Alles ist authentisch, die Kopierer und Kopien wollen ebenso ernst genommen werden wie die Originale. Und da ist wieder das Phänomen der Uhren. Indem Sie eine eigene Handwerkskultur entwickeln, ehren sie die Marke. Je begehrter, desto öfter gefaked, es gilt auch umgekehrt: Je öfter und besser gefaked, desto begehrter. Das zeigt, wie die Kopie das Original erhöhen und adeln kann. Es gibt da nur einen wichtigen Punkt, den wirtschaftlichen Schaden, ob Lizenzgebühr oder Ersatz. Die mit den Uhren in Asien und sind schwer zu erreichen; der mit der literarischen Angelegenheit von Seite 11 lebt um die Ecke in Dresden.

Wie kann man so auftreten, das andere sagen: »authentisch«? Indem man nicht nur-authentisch ist! Wie das Reale durch das Surreale, das Überreale, künstlich wird, so scheint umgekehrt das Gefakte auf seine Weise hinten herum wieder authentisch.

»Wer mit dem passenden Outfit und der richtigen Haltung durchs Leben geht, fühlt sich sicher und hat mehr Erfolg. In ihrem Exzellenz-Ratgeber führen die beiden Modedesigner und Imageberater Menschen zu einem authentischen Kleidungsstil und einer besseren Körpersprache.«

Auf den ersten Blick ein durchschnittliches Ratgeber-Versprechen aus einem beliebigen Buch, auf den zweiten Blick eine explosive Mischung. Bessere Körpersprache – und authentischer Stil – gegensätzlicher geht es nicht, eine *contradictio in adjecto*. So oder so ähnlich sind viele Versprechen: Wir machen etwas mit Ihnen und danach sind Sie authentischer. Aber im Wortsinne authentisch ist dann das Ergebnis gerade nicht; nicht, wenn Sie an sich arbeiten. Es kommt am Ende eine passendere Authentizität heraus – die eigentlich gar keine ist. Sobald am Auftritt gearbeitet wird, ist er nicht mehr authentisch. Es kommt etwas hinzu, das nicht zur Person gehört. Und oft erst diese Mischung macht die Erscheinung erfolgreich.

Nach sieben Jahren Arbeit für Fernsehsender weiß ich, dass es kaum etwas weniger Authentisches gibt als eine Fernsehsendung. Im Gegenteil: Das Nichtauthentischste ist Reality TV. Es ist real, authentisch und echt, aber jeder weiß, dass sich die Probanden so und nur so benehmen, weil die Kamera an der Wand des Containers steht. Auch das gilt wieder für Gegenstände: Etwas kann gleichzeitig authentisch und unauthentisch sein, zugleich fake und real. Das Fake ist faszinierend nicht nur für Menschen, die sich das Original nicht leisten können, auch für alle, die vom Machbaren fasziniert sind.

Die Klage, das Nichtauthentische werde als Original angepriesen, ist wohlfeil. Aber käme jemand auf die Idee, das Umgekehrte zu tun, das Echte als Ergebnis heftiger Manipulation hinzustellen? Julia Chow hat das getan, eine schöne Frau asiatischer Herkunft, 37 Jahre alt, die auf Ihre Erscheinung und vor allem ihre Lippen angesprochen wird. Seit einiger Zeit vertritt sie mit Ihrer Agentur eine Praxis für Schönheitsbemühung. Raten wir mal, was sie antwortet auf die Frage, wie man so schöne große Lippen bekommt – oder »Sind die echt?«.

Jahrelang testete sie Reaktionen. Sie sagt erst einfach, »Ja, danke schön!«. Manche ziehen weiter, ein zweite Gruppe zeigt, wie sehr sie es gönnen, neidvoll mit gequältem Lächeln. Eine dritte Gruppe zeigt offen Enttäuschung: Ist einfach so, kann man nicht kaufen.

Für die muss eine Lösung her, und Julia Chow sagt von nun an: »Ich hab mir etwas helfen lassen«. Die tröstliche Botschaft macht zufrieden; alles ist möglich. Julia arbeitet für diese Schönheitshandwerker; fast könnte man sagen, die zweite Antwort ist gut fürs Geschäft, zudem werden die Gesichter der Antwortenden augenblicklich schöner und die Stimmung besser. Von der Echtheit wollten die meisten nichts wissen, keine Gönnung, sozusagen – aber geholfene Lippen (»Haben Sie da was gemacht?«) sind tröstlich: Das könnte ich auch. Das Paradox des Authentischen gilt auch umgekehrt: Nicht nur wirkt das Nichtauthentische authentischer als das Authentische selbst, sondern das Authentische wirkt besser, wenn es nicht authentisch scheint.

DER TERROR DES ORTHODOXEN AUTHENTIZISMUS

Gefahren des Authentischen

Zivilisiertheit, sagt Richard Sennetts berühmter Satz, bedeutet: den Anderen nicht mit seiner Authentizität zu belästigen, niemand von uns will ernstlich dem Authentischen Typ und dessen Eigenarten ausgeliefert sein. Wie problematisch das Authentische werden kann, können wir oft genug beobachten:

- Wenn jemand unerwünschte Einblicke in sein Inneres gibt, die peinlich sind oder ihm oder anderen größte Probleme bereiten.
- Wenn jemand die Konventionen verletzt, weil er »nicht anders kann«. Authentizität ist manchmal die Nichtbeachtung von Regeln.

Der Chef, der schlecht über andere redet, derjenige, der sich nicht im Griff hat, wer in Gegenwart eines Kunden eine andere Abteilung madig macht: Sie alle sind nicht im richtigen Modus oder Film; sie sind allzu authentisch.

Das waren erste Blicke in die Untiefen des Authentischen. Welche Schlüsse ziehen wir daraus? Der »Erfolgsfaktor Authentizität« ist gar keiner. Nehmen wir alles zusammen, dann ist gerade nicht die »Erfolgsstrategie«

erfolgreich, die nur authentisch ist. Wirklich erfolgreich sind die, die eher nicht allzu authentisch sind.

Authentizität kann teuer werden

Falsche Authentizität gefährdet Volkswirtschaften. Mit einem Klienten war ich auf einer Roadshow, einer Veranstaltungsreihe, bei der der immer gleiche Vortrag an verschiedenen Orten gehalten wird. In diesem Fall war es ein Event, auf der in New York, London und Frankfurt erläutert wurde, wie das jeweilige Land aus der Euro-Krise herauskommt. Auf dem Höhepunkt der Krise war die Welt der Ökonomen der Ansicht, Italien sei problematisch, das Zünglein an der Waage, in Italien entscheide sich die Zukunft des Euro. Mario Monti und seine Leute präsentierten auf dieser Roadshow. Die Italien-Veranstaltung bot großartige Präsentationen und gute, wirkungsvolle Antworten. Dahinter wurde etwas sichtbar: ein klarer Plan, verständlich und kurzweilig dargeboten. Die Italiener waren fast ausnahmslos ehemalige Goldman-Sachs-Leute, die die Kunst von Auftritt, Rede und Antwort beherrschen.

Zur selben Zeit schlief die »Konkurrenz« aus Portugal noch. In deren Präsentationen ging es authentisch zu: Langweilige Technokraten, grundehrliche, von Zahlen überrollte Finanzbeamte boten die puren Fakten und ihre authentische Ratlosigkeit gleich mit. Niemand verstand, was sie wollten, alle verstanden nur: Sie haben es nicht leicht, sie haben Zweifel. Noch am selben Tag wurde das Ergebnis gemeldet und kurze Zeit später folgte die Einschätzung der

Fakten. Portugal: problematisch. Italien: gerettet. Die einen hatten einen Plan, die anderen sicher auch, aber er entfaltete keine rhetorische Wirkung. Adam Grant schrieb: »We pay a price for being too authentic.« Genau.

Es gab einmal eine Firma, die Luftschiffe herstellte. Wer nach dem Vorstandschef fragte, bekam beispielsweise zu hören »Unser Chef, der ist ein Naturtalent, der kann reden – stundenlang.« Was dieses »Naturtalent« in ganz entscheidenden Interviews zur Börseneinführung anrichtete, konnten wir beobachten: Dass er Investoren suche und wenn er keine fände, sei sein Unternehmen vielleicht zwischenzeitlich »verblutet«. Eine solche Botschaft sollte kein Industrieunternehmen aussenden, das auf Investoren angewiesen ist. Diese wollen Rendite und gewiss nicht aus dem Munde des Managements hören, das Unternehmen liege im Sterben. Was verblutet, hat ein Loch, aus dem es herausfließt, und wer will schon sein Geld in etwas stecken, aus dem es gleich wieder herausfließt? Dass alle Unternehmen, die an die Börse wollen, Geld benötigen, ist bekannt, aber keiner will es in eine derartige Metapher gekleidet hören. Einige Zeit später war die Luftschiff-Firma insolvent.

Klischees des Authentischen

Authentisch sein ist ehrlich

Wer ganz er oder sie selbst ist, muss durch und durch rechtschaffen sein, unbeugsam, eine Art Eiche, wo alle anderen wie Gras im Wind sind. Auch etwas starr, etwas »knorrig«, wie man über einen Chef der Bahn sagte, der durch authentisches Verhalten hinten wieder eingerissen hat, was er vorn aufgebaut hat. So wie er ist, oder so wie er sich darstellt, das ist eher technisch und gänzlich moralisch wertfrei. Menschen, die so sind wie sie eben sind und sonst nichts, müssen nicht anständiger sein als andere. Echte Menschen sind ehrliche Menschen – das stimmt eben nicht. Sie sind nicht besser. Im Gegenteil, nicht wenige gleiten in Narzissmus ab. Das Beharren auf dem puren Selbst ist nicht selten gefährlich.

Auch mit Aufrichtigkeit kann man das Authentische nicht immer erklären. Immer wie einem der Schnabel gewachsen ist, geradeheraus, wird oft nur als aufrichtig deklariert. Zudem kann man Aufrichtigkeit nicht sinnvoll von sich selbst behaupten: Wer es tut, lügt sofort, weil es die absolute Aufrichtigkeit nicht gibt. Fragen wir uns: Wäre die Welt besser, wenn es mehr authentische Menschen gäbe? Authentisch ist, vielleicht, der Dalai Lama. Aber auf seine Weise war es auch Osama Bin Laden. Ist Netanjahu authentisch? Ahmadinedschad? Sie kennen genug authentische Menschen, jene, die offen sagen, was sie denken. Besser wäre die Welt nicht unbedingt, denn authentisch ist das Gute und das Böse gleichermaßen, leider oft zu sehr.

Das Authentische macht die Welt besser

Dieses Klischee haben wir im Kopf, wenn wir echt sein wollen oder es bei anderen gerne hätten. Es gibt prominente Beispiele. Der ehemalige Bundespräsident Horst Köhler wurde immer als authentisch bezeichnet. Er war nicht Teil des Politikbetriebes, ganz ohne Parteikarriere.

Er war, wie er ist, er handelte, wie er sich fühlte. Und er hat ganz authentisch aufgehört, als es ihm zu stressig wurde. Horst wollte nicht mehr. War das gut? Nein – es war schrecklich! Er hat mit seinem ungewöhnlichen Abgang Platz gemacht für den noch schlechteren Bundespräsidenten Christian Wulff. Einer authentischer als der andere: der eine beleidigt abgetreten, der andere mit kleinen Geschmäckles aufgefallen. Hätten sie ihre Rolle gespielt, wäre es für uns alle besser gewesen. Authentisch sein macht also die Welt nicht unbedingt besser.

Die Authentischen sind die Guten

Authentische Menschen verwenden keine Worthülsen – ein weit verbreitetes Klischee. Vielfach ist das Gegenteil wahr: Die leeren Wörter gehören beim Durchschnittsmenschen zur »authentischen« Persönlichkeit dazu. Wenn Sie ehrlich sind, beobachten Sie das auch bei sich selbst. Wenn wir ganz authentisch drauflosreden, kommen besonders viele Hohlformeln heraus. Die Businesslyrik gehört zu so manchen Businessmen und -women authentisch dazu, vieles, das eben nicht authentisch wirkt. Hier gilt das Umgekehrte: Wenn wir uns einen Plan machen, einem Ziel unterordnen, ein klares Konzept, wird die Sprache klarer. Sich einer Rolle zu verweigern ist nicht automatisch ethisch. Natürlich gibt es die »zynische Darstellung«, die der US-Soziologe Erving Goffman schon vor langer Zeit beschrieb: wenn man von der Rolle nicht überzeugt ist und sie trotzdem spielt. Aber der Umkehrschluss ist schlicht falsch. Die Rolle abzulehnen, macht aus einem keinesfalls einen guten Menschen.

Was hilft das Geld in der Kiste, wenn der Teufel den Schlüssel dazu hat? Was nützt es, authentisch zu sein, wenn man das Echte in sich stärkt, aber doch nichts damit erreicht? Was nützt es uns, wenn wir bleiben, wie wir sind? Man muss den Teufel schon bitten, die Kiste zu öffnen. Man muss Taktiken erlernen, man muss sich einen Plan machen, man muss sich von dem entfernen, was man authentisch ist. Aber das ist schwer vermittelbar. Arbeit an Eindruck und Auftritt ist teuflisch und böse. So steht es in unseren Erziehungsbüchern, das haben sie uns hinter die Ohren geschrieben. So weit, so gut. Aber das Geld in der Kiste wollen wir alle haben. Alle wollen erfolgreich sein, angesehen, attraktiv. Man soll uns gern zuhören, wenn wir anfangen zu sprechen, und nicht genervt wegschauen, man soll uns in der Masse erkennen, uns wertschätzen. Das alles geht nicht ohne den Schlüssel zur Kiste mit dem Geld.

Authentisch sein fördert die Karriere

Dieses Klischee ist das allerschlimmste. Scharen von Personalverantwortlichen sind damit in die Irre geführt worden. Zahllose Trainer verkaufen das Authentische als Rezept, als »authentisch führen« oder »authentische Strategie«. Alle Erfahrungen sagen: Das Authentische funktioniert nicht, sobald man den Seminarraum erst einmal verlassen hat. Letzten Endes tun ausnahmslos alle das Gegenteil dessen, was sie dort gelernt haben. »Authentisch arbeiten« ist ein schlechter Witz, denn wir können allenfalls nur so arbeiten, dass wir uns authentisch dabei fühlen – oder so wahrgenommen werden. Dies ist der Normalfall in funktionierenden Organisationen. Wenn Sie in ihnen etwas erreichen wollen, müssen Sie im richtigen Film spielen.

Zu Beginn meiner Executive Coachings werde ich ganz oft ermahnt: »Ich will authentisch bleiben« oder »Ich will mich nicht verbiegen«. Es sind redliche Menschen, die das sagen, und sie meinen es ernst. Wir wollen keine Rolle spielen, keine Rolle, die nicht zu uns passt. Wir wollen nicht dabei ertappt werden, etwas zu sagen, das wir gar nicht denken. Leider steht genau dieser Wunsch der Berufsausübung im Wege. Warum sollten wir unbedingt nur wir selbst sein wollen? Warum sollen Spitzenmanager oder Politiker auf einer Bühne, in Führungskräfte- und Branchentagungen oder vor einer Fernsehkamera unbedingt sie selbst sein wollen und sonst nichts? Und auch Sie, wofür auch immer Sie stehen?

Ganz orthodox hält sich die Vorstellung, man könne bei der Arbeit ganz man selbst sein. Doch diejenigen, die authentisch sind, die sagen, was ihnen gerade einfällt, zerstören Images ihrer Arbeitgeber. Authentische Chefs haben so manches Unheil angerichtet, Frauen und Männer, die aus ihrem Herzen keine Mördergrube machten, die auch schon mal Journalisten anpflaumten: »Das ist eine unverschämte Frage«, der Vorstand, der auf der Hauptversammlung antwortete: »Sie Dünnbrettbohrer!« Welcher Wert vernichtet wird durch Spitzenmanager, die im falschen Moment authentisch sind, wäre ein Studie wert.

Dass Sie so sein sollen, wie es Ihnen »authentisch« gerade einkommt, ist im Plan der Organisation nicht wirklich vorgesehen. Sie müssen angemessen auftreten, und es ist nicht wichtig, wie Sie sich dabei fühlen und ob das alles aus Ihnen selbst kommt oder nicht.

»The whole authenticity project that has occupied us for the past two hundred an d fifty years is a hoax«, sagt Andrew Potter in seinem wunderbaren Buch. Authentizität ist ein Schabernack, nicht mehr .

»Das passt zu Ihnen!«

Auf einem Flughafen sehen Sie einen Menschen, Sie kennen ihn nicht, aber Sie mutmaßen: ein IT-Techniker vielleicht. Sicher ein Teamleiter, er ist nicht mehr ganz jung, leicht graues Haar, bestimmt unter 40, grauer Pullover, graue Outdoorjacke. Unser IT-Teamleiter trägt das, weil er er selbst sein will oder auch nur, weil jemand gesagt hat, er solle er selbst sein. Er will authentisch sein, nicht so geleckt wie die Banker, ganz er selbst, wie er erzogen ist. Unauffällig kommt er durchs Leben. Grau ist sein Credo.

Ganz schlimm wird es, wenn das Authentische durch Verstärkung potenziert wird. Der graue Anorak ist schlimm, aber die Krönung ist seine graue Brille. Das Schlimmste daran: Eine Brille kauft man nicht, ohne jemanden zu fragen, wenigstens den Verkäufer. Jemand muss also zugeraten haben. Der IT-Teamleiter hat Anorak und Brille nicht selbst ausgesucht. Jemand muss gesagt haben: »Das passt zu Ihnen!« Er kam in den Brillenladen, die Beratung war zielorientiert und selbstsicher – und die Brille graubraun. Der Verkäufer sagte zum Schluss: »Das passt zu Ihnen!«

Die Physik kennt das Phänomen der Resonanzkatastrophe: Eine Brücke beginnt im Ganzen zu schwingen, erst wenig, dann immer mehr, in der gleichen Frequenz. Alles, was jetzt die Schwingung verstärkt, kann die Brücke zum

Zerbersten bringen. Die Accessoires sind genau so wie die Person, in diesem Fall: graue Maus, mausgraue Brille. Grau zu Grau gesellt sich gern. Aus einem harmlosen Grau, gegen das ja nichts zu sagen ist, wird so ganz leicht langweilig und unattraktiv. Ab jetzt wird es relevant: Was das Authentische verstärkt, wird am Ende zum Karrierekiller. Der Graue mit dem grauen Anorak und der grauen Brille wird vergessen, wenn das Organigramm neu gemischt wird.

Dieser Resonanzkatastrophe können Sie entkommen. Alles, was der Frequenz entgegen läuft, kann Sie retten. Auch der IT-Teamleiter hätte gegensteuern können. Er hätte zum Authentischen etwas beimischen müssen. Das kann aber niemand allein; es fehlt der Abstand. Gute Berater müssen bei diesem Gegensteuern unterstützen. Resonanzkatastrophen sind übrigens auch das Elend der Typberatung: Der Herbsttyp soll graubraun herumlaufen, der Ärmste. Doch was wäre gewesen, wenn der IT-Teamleiter einen guten Berater gehabt hätte? Nicht auszudenken. Er wäre Bereichsleiter.

Dem Graubraunen entkommt kaum ein Deutscher, nicht einmal die angeblich »Abgehobensten« unter den Deutschen. Im Ostseebad Kühlungsborn suchte ich nach dem Charakteristischen meiner Landsleute. Schon nach kurzer Beobachtung glaubte ich, es zu haben: Viele Männer liefen mit graubraunen Socken und graubraunen Sandalen herum. Abends hielt ich einen Vortrag in einem Hotel in Heiligendamm, ganz in der Nähe, eine andere Welt. Und ich sah etwas ganz Erstaunliches: Hinterher, beim Wein, trug einer der bestbezahltesten Manager der Republik graubraune Socken und graubraune Sandalen! Jemand muss ihm gesagt haben: »Das passt zu Ihnen!«

Der Deutsche stammt vom deutschen Schäferhund ab, der ist auch authentisch

Ein Schäferhund gehört zu Gruppe der Arbeitshunde. Sie brauchen keinen Schmuck, es sind zum Hüten und Treiben der Schafherde eingesetzte Hirtenhunde. Der Deutsche Schäferhund wurde speziell zu diesem Zweck gezüchtet. Solche Arbeitshunde achten nicht auf ihren Auftritt, sie schaffen, und sie wissen, dass es nicht auf den Eindruck ankommt, nicht auf Regeln oder Normen. Der deutsche Schäferhund ist wie er ist. Ungehobelt deutsch. Rita Pohle hat in ihrem Buch schon darauf hin gewiesen, dass Hunde authentisch sind.

Ich will nur auf eine Beobachtung aufmerksam machen, dass das authentisch, das einfach tut, was von innen heraus kommt, typisch deutsch sein könnte. Der deutsche Schäferhund ist die Metapher für das Unkultivierte des Deutschen, das Ungeschminkte, Graue und Ruppige. Der deutsche Schäferhund ist der Prototyp des Authentischen.

Das Rohe ist unser Metier, das nicht Zurechtgemachte. Ein renommierter Bekleidungsversender verschickt einen kleinen Prospekt mit dem Slogan »Von der Sehnsucht nach Ursprünglichkeit: Graue Daune«. Sehnsucht nach Grau, darauf muss man kommen. Das geht nur in Deutschland.

»Deutsch sein heißt sachlich sein«, sagt Diederich Heßling, Heinrichs Manns »Untertan«. Ganz authentisch sein und sonst nichts, deutscher geht es nicht. humorlos, korrekt. Im Jahr 1968 ging es erst richtig los mit dem Authentischen: Spontan sein wurde das Ziel – ohne Methode – und Wirkung wurde zweitrangig. Ganz man selbst sein, in die eigenen vier Wände gehen oder raus in den Wald: Die Deutschen haben Romantik und Biedermeier nie ganz abgeschüttelt. Die deutsche Seele und die deutsche Kultur sind wie geschaffen für das Authentische.

Nicht wirklich gut, aber authentisch, das ist ein deutscher Topos. Ich bin in der DDR aufgewachsen und warte nur auf den Tag, an dem ich lesen oder hören muss, dort seien die Menschen authentischer gewesen. »Sozialer« waren sie ja schon, wenn man dem Klischee glaubt. Sie waren angeblich sozialer als im Westen, weil sie öfter zusammen saßen. Der Grund dafür ist aber nicht, dass sie sozialer waren, sondern dass es fast keine privaten Telefone gab. Die Menschen mussten sich schon live versammeln. Auch die Stasi hatte es leichter. Zusammenhocken ist kein Wert an sich.

Wir verbinden das fein Angerichtete eher mit dem französischen. Das gut Geredete ist Sache der Engländer. Das gut Gekleidete: italienisch. Allzu Attraktives ist uns anrüchig. Erstrebenswert scheint uns Deutschen das nicht Ausgeschmückte, das Graue. Wir haben eine Scheu vor Performance und wir wissen, woher sie kommt. Unsere Großeltern haben noch die wirkungsvolle Inszenierung im Ohr: »Wollt ihr den totalen Krieg?« Wer das mitgegeben bekommt, will weg von der rhetorischen Performance und zum Authentischen zurück. Und so wird das Kind mit dem Bade ausgeschüttet.

Die Scheu vor dem guten Auftritt fängt schon in der Schule an. Sie vermittelt den Zwang zur Korrektheit und Vollständigkeit. Es wird eher darauf geachtet, ob die Kinder in ganzen Sätzen antworten, und nicht, ob sie mit der Art, wie sie etwas sagen, Wirkung erzielen. An der Universität setzt sich das fort. Korrekte, vollständige Informationen, aufgeschrieben in schriftdeutschen Thesen, aufbereitet auf selbsterklärenden Charts. Jeder Versuch, etwas attraktiv zu machen, ist anrüchig. Deutsche Äußerungen und Texte kranken an der »Ideologie der Sachlichkeit und Nichtpersönlichkeit«: »Es kam zu einer Demonstration.«

Es gibt in Deutschland zu wenige Hauptdarsteller, es gibt zu wenige Typen, die nicht nur so sind, wie sie sind, sondern die an sich arbeiten. Studien über die Wirkung von Vorstandsvorsitzenden bringen es stereotyp heraus: Die meisten deutschsprachigen Spitzenmanager halten sich mit öffentlichen Auftritten zurück. Und es passt dazu, was als Wirkung gemessen wird: Manager erscheinen oft anonym, austauschbar und undurchsichtig, graumäusig. Das sind sie oft ja auch und das wäre auch in Ordnung, wenn sie nicht eine große Verantwortung zu tragen hätten – die auch Auftritt bedeutet! In der deutschen Politik ist es ähnlich: So viele Köpfe wie Ministerien und Fraktionen, aber kaum leuchtende, zu denen wir uns hingezogen fühlen. Deshalb konnte ein adliger Hochstapler zum populärsten Minister werden, unter anderem, weil er nicht graumäusig war, weil er gepflegt gekleidet war, das Haar und seinen gesamten Auftritt geordnet hatte. Aus der ganzen deutschen gut gemeinten Zurückhaltung erwächst am Ende die ebenso deutsche Manipulation.

WARUM WIR MIT DEM AUTHENTISCHSEIN IMMER WIEDER SCHEITERN

Vom Ausdruck zum Eindruck

Wie bin ich? Bin ich echt? Bin das wirklich ich? Damit fragen wir nach Authentizität auf der ersten Stufe, sozusagen Typ I: Authentizität als Ausdruck. Diese Authentizität des Typs I hat nur Beziehung zur Person selbst. Sie ist nur Ausdruck. Aber es geht oft nicht darum, was man ausdrückt, sondern um das, was der andere erkennt. Die anderen nennen uns authentisch oder nicht. Entscheidend ist eher: Jemand oder jemandes Handlung »scheint« uns »authentisch«. Das ist Authentizität Typ II. Ihr Gegenstand ist nicht der Ausdruck, sondern der Eindruck.

Es gibt Begriffe, die sich, sobald man sie ausspricht, ins Gegenteil verkehren. Schon der Begriff führt in die Irre. Jedes Lexikon, das das Authentische beschreiben will, beschreibt zwanghaft das Gegenteil. Es ist nicht authentisch: »Jemand oder jemandes Handlung ›kommt‹ jemandem ›authentisch vor‹«. Das Authentische bekommen wir nur in dem Moment zu fassen, in dem Schein und Sein zusammen gehen.

Es ist wieder nur eine Authentizität Typ II: »Eine als authentisch bezeichnete Person wirkt besonders echt, das heißt, sie vermittelt ein Bild von sich, das dem Betrachter real, urwüchsig, unverbogen, ungekünstelt scheint.«

Scheint! Wir sagen authentisch, aber wir meinen den Anschein davon. Authentizität Typ II ist nicht nur anders als die des Typs I, sondern steht ihr oft entgegen. Das Authentische Typ II ist Ergebnis eines stimmigen Eindrucks. Eine als authentisch bezeichnete Person wirkt, sie produziert ein Bild, einen Eindruck. Ziel ist nicht das, was wir vorgeben, zu wollen – ganz man selbst sein –, sondern schlicht der gekonnte Eindruck von Authentizität. Das Publikum entscheidet.

So weit, so gut, könnte man sagen, wenn nicht beide immer wieder verwechselt würden. Wir reden vom Typ I, meinen aber Typ II. Ganze Bücherregale sagen: »Sei Du selbst« oder »Werde, der Du bist! «. Gegen den Schein, für das Sein. Damit bin ich aufgewachsen; eine der Lehren von Karl Marx ist: »Das Sein bestimmt das Bewusstsein.« Sein, nicht scheinen! Viele Jahre habe ich in der DDR auf der Schulbank diesen Satz gehört. Er war damals schon falsch. So ähnlich kommt mir der Imperativ »Sei authentisch!« vor. Gesagt wird: »Sei authentisch!« Gemeint ist: »Scheine authentisch!« Eine folgenschwere Verwechslung: Wir meinen den Eindruck und sprechen vom Ausdruck. Kaum anders kann man die Versuche gängiger Wirtschaftsliteratur verstehen, Authentizität als »Erfolgsfaktor« oder gar als »Erfolgsstrategie« anzupreisen. Das passt nur für Menschen, die glauben, alles aus sich heraus entwickeln zu können, ohne an sich arbeiten zu müssen.

Ich habe vier Jahre Sprechwissenschaft studiert, Rede- und Gesprächsdidaktik, Stimmbildung und -therapie, Rhetorik, Phonetik, Rezitation, Hunderte Stunden didaktische Supervision. Authentisch oder nicht, das war, ohne dass es jemand ausgesprochen hätte, das zentrale Thema im

Studium der Rhetorik. Mein Studium begann geradezu mit dem Training des Nicht-Authentischen. Die erste echte Lektion in Sprechwissenschaft an einer der ältesten deutschen Universitäten hieß: »Sprechausdruck«: Wie sagt man: »Ein Bier.« Sagt man einfach: »Ein Bier« – oder sagt man es, indem man die Stimme senkt oder hebt? Kann man das überhaupt beeinflussen?

Wir haben es später regelrecht trainiert. Aber darf man das – andere über das echte Befinden täuschen? Was davon war der authentische Ausdruck, der echte? Wann waren wir wir selbst, wann waren wir Studenten, die versuchten, einen Satz so auszusprechen, dass er wirkt? Wer solche scheinbar sinnlosen Übungen macht, kommt darauf, dass es um den Eindruck geht. Man versucht es so auszusprechen, dass es einem abgekauft wird. Ich habe einige Male als Sprecher Werbung gesprochen. Extreme Rollen gelingen oft leicht, der »ganz normale« Ton ist schwerer. Ich war nicht der Einzige, dem es so ging. »Spiel so, wie du selbst bist!«, solche Anweisungen würde ein guter Regisseur nie geben. Er weiß nämlich, dass spielen gerade nicht heißt, irgendein »Selbst« zu sein. Niemand kann auf Zuruf authentisch sein. Das Authentische ist eine Wirkung, mehr nicht, es ist Eindruck. Professionelle Sprecher oder Darsteller wissen, was Oscar Wilde auf den Begriff brachte: »Natürlichkeit ist die Schwerste aller Posen.«

Das Echte reicht oft nicht für einen guten Eindruck. Zum Authentischen muss etwas hinzukommen. Es darf nur nicht zu sehen sein, dass eine Rolle gespielt wird, man darf es nicht durchschauen. So war es immer schon, solange es das Problem gibt. In der antiken Rhetorik hieß es: »Die Kunst soll die Kunst verbergen.«

Wir tun etwas und können gleichzeitig das Tun erleben, wir sind Darsteller und Publikum zugleich. Wir haben einen Ausdruck und machen gleichzeitig Eindruck. Es ist deshalb unsinnig, das eine vom anderen zu trennen. Man ist nicht nur, sondern man scheint im selben Moment. Man scheint sich und anderen so oder so. Man ist authentisch und man scheint dem anderen authentisch –oder man ist authentisch und scheint gleichzeitig gänzlich unecht.

Und noch einmal: Beides ist nicht dasselbe. Aus dem Ausdruck »Ich bin authentisch, bitte nehmt mich so wahr!« wird ein Eindruck »Sie ist authentisch« oder »Sie kommt mir nicht authentisch vor.« Was wir mit »authentisch« meinen, ist ein Etikett des Publikums, des jeweils anderen. Authentizität ist ein Effekt, ein Urteil, nicht mehr und nicht weniger. Der andere sagt: »authentisch« – oder nicht.

Aus einem der zahllosen Prospekte von Akademien: »Überzeugen Sie zielgruppenorientiert mit einem professionellen Auftritt in Gestik, Mimik, Kleidung, Accessoires und stärken Sie Ihre Authentizität.« So verrückt das ist: Authentisches und Spiel, wir sollen beides zusammen beherrschen. Die Methode, mit der man einen authentischen Eindruck macht, nennt Erving Goffman unser Bauen von Fassaden (»Fronts«): Zu einer Fassade gehören drei Dinge: a) das Bühnenbild (»Setting«) – Orte, b) die Erscheinung (»Appearance«) – sozialer Status, und c) das Verhalten (»Manner«) – was wir tun. Alle drei verfolgen nur ein Ziel: Es ist der Eindruck, nicht der Ausdruck.

Hier, am »Point of Sale«, wird Erfolg gemessen. Als Mutter oder Vater sprechen Sie anders als etwa als Bereichsleiter, als Hotelgast anders als auf dem Golfplatz. Uns gibt es nur in Beziehung zur konkreten Rolle. Es gibt Sie nicht pur oder echt. Es gibt nicht das Echte als den Kern. Wir können so oder so sprechen, aber es ist nicht ein Ausdruck, »echt« und der »unecht« zu sprechen. Wir sind ja immer mit der Rolle zusammen, im Doppelpack. Nichts davon ist unecht, immer sind wir es selbst.

Die allzu Authentischen

Was von innen kommt, drängt nach außen. Es gibt drastische Beispiele für Menschen, deren Inneres gar zu wuchtig nach außen drängt. Ich nenne sie die allzu Authentischen.

Stellen Sie sich vor, Sie lernen jemanden kennen, die oder der nur ein paar wenige Sätze über seinen Beruf sagt. Sie beide sprechen nur ein paar Minuten, es sind nur diese wenigen Sätze, die Sie sich später zu diesem Punkt merken würden. Sind die bei Ihnen gut gesetzt, oder nicht? So ging es mir. Eine junge Frau überreichte mir eine Einladung zu einem Launch Event, für neue Produkte, die auf dem Markt eingeführt werden, und das feiert man natürlich. Das kurze Gespräch bei der Übergabe der Einladung ging so: Ich fragte: »Und Sie, was machen Sie? Sind Sie von der ausrichtenden Firma?« Sie: »Ich mache nur die PR für Nodane Milkshakes. Normalerweise machen die Joghurt. Aber die wollen jetzt Ihre italienischen Produkte in den deutschen Markt drücken.« »Und dafür machen Sie PR, als Image-Arbeit, ist das richtig? Jetzt gerade ist das aber nicht gelungen.« Die junge PR-Beraterin hatte sich nicht verbogen. Was würden Sie tun, wenn Sie der Lebensmittelkonzern wären?

Jeder, der gelegentlich auf Familienfeiern eingeladen wird, kann allzu authentische Zeitgenossen erleben. Bei einer solchen Gelegenheit zum Beispiel sitzen Sie einer Frau gegenüber, die ihr Kind still. Es gibt gerade Vorspeise. Sie fragen sich, ob Sie das beim Hauptgang auch mit ansehen müssen, Sie wissen nicht, wohin Sie sich wenden sollen, und fragen die Akteurin. Das Ergebnis wird Entrüstung sein: »Das ist authentisch!« Die Übereinkunft, dass man in der Öffentlichkeit keine Geschlechtsorgane zeigt, wird ignoriert. Das Echte wird zur Ideologie: Wer das Authentische behauptet und sich so benimmt, ist auf der richtigen Seite. Am authentischsten, meinen wir, sind die einfachen Leute. Das stimmt sicher, aber was machen wir mit dieser Einsicht? Thomas Bernhard schrieb: »Die sogenannten einfachen Menschen sind im Grunde die allerkompliziertesten. Ich kann sie mir nicht mehr leisten.«

Wie einem der Schnabel gewachsen ist, so sollen wir ja sprechen. Aber das ist immer die Ausrede, wenn es ein Problem gibt. Manche Schnäbel sind ganz schön verwachsen.

Schließlich der Extremfall des allzu Authentischen, die rhetorische Inkontinenz,

Logorrhoe, krankhafter Sprechdrang, »Sprechdurchfall« oder Redesucht. Eine Krankheit, nicht anders als die Diarrhoe, der krankhaft übersteigerte Stuhlgang. Therapien gegen beide – Diarrhoe und Logorrhoe, bezahlt die Krankenkasse. Wofür es keinen Diagnoseschlüssel bei der Kasse gibt: Das überbordende Gefühl, mit unkontrollierten, echten authentischen Worten, die hervordrängen oder herausprudeln. Rhetorische Inkontinenz ist Authentizität auf »höchsten« Niveau. Wir finden Sie überall vor, wo Menschen dem vermeintlichen Ideal folgen: immer frei heraus mit der Sprache.

Authentische Verlierer

Wir erleben täglich Beispiele überbordender Authentizität und rhetorischer Inkontinenz. Absolut authentisch, ehrlich gerade heraus, so war zum Beispiel die Politikerin, die vor einem Champions-League-Finale sagte, ganz offen und ehrlich: »Ich hasse Bayern München«. Die Wirkung war ungut. Wenige Tage vorher gab es Krawalle in einigen Fußball-Stadien mit viel Hass. Die gesamte Gesellschaft diskutierte, wie sie Hass eindämmen kann. Ein nicht-authentisches Wort wäre besser gewesen. Das gilt auch für die US-Europa-Beauftragte, die am Telefon sagte: »Fuck the EU«. Richtig teuer können allzu-authentische Äußerungen in der Wirtschaft werden; Aktionäre und Investoren sind weniger leidenswillig als Wähler. Der Vorstandsvorsitzende einer Bank sagte einen Satz in einem angelsächsischen Fernsehsender, wovon er ehrlich überzeugt war, ganz echt, was sogar stimmte, nämlich, dass niemand einem bekannten Medienunternehmen noch Geld gebe wolle. Danach brach das Medien-Imperium zusammen und die Bank zahlte fast eine Milliarde. Öffentlich schlecht über potentielle Kunden sprechen ist teuer, und wenn es noch so wahr ist.

Treten wir einen Schritt zurück: Was genau geht schief, wenn wir authentisch sein wollen? Gibt es uns überhaupt als authentische Personen? Und wenn nicht, als was dann?

Sind wir pur zu haben? Dazu müssen wir die Hintergründe des Authentischen betrachten, die man erst sieht, wenn man mutig das Licht anknipst. Erkunden wir zunächst weiter, diskutieren Beispiele und machen dann einen Plan für eine bessere Authentizität.

Der authentische Reflex

Ich liebe Schnäppchen. Das gehört authentisch zu mir, aber es ist peinlich, wenn es nach außen quillt. Kam noch vor ein paar Jahren jemand zu Besuch, musste ich sofort sagen, wie viel etwas gekostet hat, ich musste zwanghaft extrem rabattierte Gegenstände zeigen, Uhren für wenig Geld, Etro- und Kiton-Krawatten für 29 Euro. Ich tat nicht nur alles, wofür ich Onkels und Tanten immer gehasst habe, ich kehrte mein Inneres sofort nach außen.

Schuld daran ist ein Phänomen, das ich den authentischen Reflex nenne. Blitzschnell entwickeln wir einen Handlungsimpuls. Jede Heuristik fehlt – eine Methode, um schnell Situationen zu erkennen. Geschweige denn, dass wir den Impuls reflektieren, dass wir fragen, wohin uns seine Ausführung führt. Das Ergebnis: Ohne Reflexion kehren wir das Innere nach außen. Dem authentischen Reflex sind Sie erlegen, wenn Sie danach im Stillen bereuen. Und das kommt bei den meisten von uns ziemlich oft vor. Wir laufen sofort los, oft ohne zu wissen, wohin. Wir äußern uns spontan; es kommt authentisch aus uns heraus.

Das Phänomen ist universal. Jeden erwischt es mal. Einen Bundespräsidenten zum Beispiel, der dem Chefredakteur einer Zeitung auf die Mailbox sprach und ihm drohte, weil ihm gerade danach war. Er erlag dem authentischen Reflex und fiel aus dem Film, oder wurde kurze Zeit später aus dem Film geputscht. Der authentische Reflex vernichtet Wert. »Gut, dass wir nicht darüber gesprochen haben«, nannte ich eine Kolumne im *Manager Magazin*. Es gibt Dinge, die eben nicht nach außen dringen sollten. Ich kaufe immer noch die Luxusschnäppchen, aber ich erzähle nicht jedem davon.

Der authentische Reflex I: eigenes Terrain/neutraler Ort

Stellen Sie sich vor, Sie möchten einen einflussreichen Menschen beeindrucken. Oder Sie wollen eine starke Botschaft loswerden. Oder Sie haben sich geärgert und wollen Ihre Meinung sagen, ganz direkt. Der authentische Reflex ist: »Da gehe ich sofort hin!« Doch das ist natürlich falsch. Hingehen bedeutet Audienz. Sie müssen einen Termin haben oder Sie müssen warten, Sie kommen nicht selten unpassend. Der Ankommende will etwas, die Absolution, den Segen, was auch immer. Sie sind auf fremdem Terrain, das drückt den Preis.

Nicht jeder Käufer würde den monströsen Preis für Neuwagen zahlen, könnte er ihn nicht auch noch feierlich abholen. Dabei erlebt er ja Beeindruckendes. Laut einem hochrangigen Automanager bekommen diejenigen Käufer, die ihr Auto in den glamourösen Abholerzentren in Empfang nehmen, die geringsten Rabatte. Die teuren Besucherzentren haben also ihren Sinn. Vermutlich nicht umsonst laden Unternehmen ihre Kunden auf ihr Gelände ein.

Manche Abholung kann mehrere Tage dauern. Die Produktionsschritte werden zelebriert, man kann durch das Glas verfolgen, wie die letzte Schraube angezogen wird. Schon jeder Durchschnittsbesuch in einem der großen Unternehmen macht klein. Wer Gast ist oder gar Dienstleister, wird klein gemacht, muss durch Schleusen gehen, Ausweise zeigen, er oder sie muss Badges tragen und sich in Listen eintragen. Seit einigen Jahren gehört das ausgiebige Fotografiertwerden an den Empfangstresen dazu, Prozeduren, denen ähnlich, die in Gefängnissen gemacht werden. Es sind Inszenierungen der Demut, die es sogar in Vorstandsetagen der DAX-Konzerne gibt. Eine Bank beeindruckte vor einigen Jahren noch mit weiß gekleideten Lakaien. Das Heimspiel liebt Glamour.

Ein neutraler Ort für Ihren Auftritt oder Ihr Gespräch kann diese Distanz verringern. Und er sorgt dafür, dass der andere kein Heimspiel hat. Immer dann, wenn Menschen aus dem Heimspiel-Modus herausgezogen werden, verlieren sie viel von ihrem Bonus. Neutralität eröffnet Chancen, Neutralität lässt Sie Ihre Methoden und Taktiken anwenden.

Noch besser ist es, wenn Sie Ihren eigenen Glamour entwickeln, zum Beispiel wenn Sie in Ihrem eigenen Raum spielen und ihn präparieren können. Schaffen Sie sich attraktiven Raum! Sorgen Sie dafür, dass er *Ihr* Raum ist. Er ist dann nicht mehr der Ort, zu dem Sie hinwollten, als Sie den authentischen Drang verspürten. Es ist der Ort, den Sie professionell ausgewählt haben – vielleicht sogar, damit Ihr Gegenüber am Ende urteilt, es sei »authentisch« gewesen. Wenigstens sagt sie oder er: »Das passt.« Ich habe damit gute Erfahrungen gemacht. Für meine Executive Coachings lasse ich deshalb Räume in Hotels suchen, die dann meine Räume werden können. Ich wohne dort nicht, sie sind für einen Tag gemietet.

Auch hier ist das Gegenteil des authentischen Reflexes wirkungsvoll. Wer etwas erreichen will, holt die Gegenspieler heraus. Gehen Sie deshalb nicht leichtfertig auf fremdes Terrain, im Gegenteil: Holen Sie die anderen aus deren vertrauter Umgebung heraus – und in Ihre eigene.

Der authentische Reflex II: Bequeme Haltung

Ein Meeting beginnt, ein Workshop, ein Coaching. Der authentische Reflex verlangt nach einem Stuhl, wir wollen uns festhalten, etwas Bequemes haben. Aber die anderen auch! Auch die, die man loswerden möchte. Und hier liegt eine Chance. Alles Bequeme wegzunehmen bewirkt Wunder, gerade und immer dann, wenn allen im Raum nach Sitzen zumute ist.

Der Vorstandsvorsitzende eines DAX-Unternehmens in Nordrhein-Westfalen, der Vice President Kommunikation, der Strategiechef, wir treffen uns, um einen Auftritt zu planen. Das heißt wie immer Executive Coaching, aber ich sah die Gefahr, dass es in einer Art moderierten Meetings endet. Jeder sagt etwas, keiner lernt etwas, jedenfalls nicht der Vorstand, der seinen Auftritt verbessern soll. Ich kenne die Fragen und Antworten aus dem Effeff. Wer eröffnet, wer beginnt womit, mit welchem Ritual? Ich dachte: Ich muss etwas finden, damit genau das nicht passiert.

Ich schlug einfach vor, stehen zu bleiben. Schon bald hatte ich Spaß daran. Immer dann, wenn sich jemand setzen wollte, forderte ich sie oder ihn auf, für die Umstehenden etwas auf ein Flipchart zu schreiben. Es war anstrengend und die Zeit verging schneller. Das ist gut, wenn man jemanden loswerden will. Wir standen bis zu dem Moment, an dem ich sagte, es sei Zeit und ich wolle niemandes Zeit zu lange in Anspruch nehmen. Dieses Initial war kurz und ich konnte bald mit dem eigentlichen Coaching des Vorstands beginnen. Die Regel lautet also: Halten Sie Meetings im Stehen ab.

Der authentische Reflex III: Direkt und spontan

Wenn ich am Eindruck arbeite, entwickele ich eine Reihe von Tugenden. Sie sind den Klienten nicht authentisch gegeben und doch sind sie am Ende mit entscheidend. Eine der wichtigsten ist die Tugend, Zeit verstreichen zu lassen. Auch dies widerspricht dem authentischen Reflex diametral: Wir wollen alles sofort beginnen. Auch der Erwartungsdruck von außen ist hoch. Warum also die Reaktionsspanne? Jeder Auftritt bedarf zuerst einer Haltung und in einer kurzen Sequenz bis zur Action kann man sie entwickeln. Als zweiten Schritt müssen Sie die Kontrolle bündeln, denn Auftritte sind Körper-Aktionen. Sie werden nie in den richtigen Film hineinkommen, wenn Sie sich nicht sammeln. Es braucht Übung – und es lohnt sich. Alle guten Auftritte vertragen diesen kleinen Moment der Verzögerung. Inszenieren Sie den Moment, bevor Sie anfangen zu sprechen.

Dem authentischen Reflex widerstehen heißt oft einfach: Tun Sie das Gegenteil des Authentischen. Lassen Sie alles, worauf Sie Lust haben. Bleiben Sie stehen, gerade wenn Sie einen unbändigen Drang verspüren, sich zu setzen. Wer in E-Mails blättert, während er mit anderen spricht, wer in der Suchmaschine sucht, weil es so authentisch über einen kommt, erzeugt oft die falsche Wirkung. Das zeigt den Menschen, wie er ist oder sich gerade fühlt. Der wirklich Erfolgreiche ist so, wie es passt. Tun Sie in entscheidenden Momenten besser nicht, wozu Sie getrieben werden. Manchmal heißt das: Tun Sie das Gegenteil.

Der authentische Reflex IV: Sendetaste

Wir sind abgelenkt, wir sind müde, uns mangelt es an Konzentration. Man sieht es uns an. Augen und Ohren für jemand anders haben wir jetzt nun wirklich nicht. Wir können gerade noch anbringen, was wir als »Botschaft« senden wollen. Wir sprechen und an Zuhören ist nicht zu denken. Diese Reaktion ist typisch für uns, wenn wir ganz authentisch sind. Der authentische Reflex im Alltag ist oft der Druck auf die Sendetaste.

Zwei britische Politiker – William Gladstone und Benjamin Disraeli – gingen 1886 vor der Wahl mit der Königin zum Dinner. Nach ihrem Eindruck befragt, antwortete sie: »Nachdem ich neben Mr. G. gesessen hatte, hielt ich ihn für den klügsten Mann Englands. Aber nachdem ich neben Mr. D. gesessen hatte, hielt ich mich für die klügste Frau Englands.« Disraeli gewann. Er hatte verstanden, dass er zwar etwas will – er hatte ein politisches Programm, das noch heute Anhänger hat –, dass er aber, um es zu erreichen, Zugang finden muss. Dass er von der Sendetaste gehen muss. Denn jeder Druck auf die Sendetaste ist ein Sargnagel für den Eindruck. An der Sendetaste scheitert jede Überzeugungsarbeit.

Ich habe zwei Jahre Sprechtraining mit Schauspielern durchgeführt. Es gibt an Schauspielschulen kaum ein höheres Gut als ein Phänomen, um das es regelrechte Mythen gibt. Es heißt Präsenz. Um diesen gottgleichen Zustand zu erlangen, wird trainiert: Körpersprache, Blicke, Konzentration. Haltung, Stimmsitz, Gesten. Diese Art Präsenz ist die einer Bühne: Schauspieler vergrößern ihren körperlichen Eindruck über das hinaus, was sie authentisch mitbringen. Das ist gut, es ist der erste Schritt aus der Wirkungslosigkeit und Langeweile des Nur-Authentischen heraus. Aber er bleibt auf der Sendetaste. Es ist die Präsenz des Schauspielers, wir können das in Talkshows beobachten. Ich nenne das Präsenz I.

Diese Monolog-Präsenz I hat Nachteile. Auch das kann man an der Bühnenkunst sehen. Schauspieler verbreitern sich selbst für einen Auftritt, der bewundert und als Stück genossen wird. Bertolt Brecht nannte dieses Theaterspiel kulinarisch: Die Bühne sendet, das Publikum genießt. Das ist in Ordnung: Wir genießen, wie die spielen. Viele Schauspieler stehen per se auf der Sendetaste. Einer meiner Freunde ist der beste Sprechlehrer und er hat die klangvollste Stimme, die ich kenne. Er hört nicht zu, er spricht, er artikuliert, dass es nur so ein Genuss ist. Sie kennen genug solche Menschen, sie scheitern. Diese Art Präsenz heißt: Ich bin auf mich fokussiert, ich bin gut. Das kann Sie an den Abgrund bringen.

Der Zerstörer jedes Gespräches ist es, wenn man spürt, dass der Andere nicht zuhört. Dabei registriert jeder, wenn wir abgelenkt sind. Sie sollten deshalb jede Ablenkung des Blicks vermeiden. Und Sie sollten sich auf den anderen ausrichten.

Diese andere Art von Präsenz richtet sich auf das Gegenüber. Es ist die Präsenz II, die von Mr. D. aus der Geschichte im neunzehnten Jahrhundert, der die Wahl in England gewann, es ist die Präsenz aller, denen man Charisma zuschreibt. Diese wirkungsvolle Präsenz richtet sich auf den anderen aus. Sie sagt: Du bist gut.

Wie war das mit der Figur vom Anfang des Buches? Sie weiß, wie man einen Raum betritt, wie man stehen bleibt und den Blick führt. Die Figur aus dem Anfang hat gelernt. Diese zweite Präsenz brauchen Sie, sie verlässt die Enge des Authentischen. Pflegen Sie diese zweite Art Präsenz. Beginnen Sie zum Beispiel einen Vortrag mit einer Verneigung, und zum Beispiel mit dem Satz: »Ihr seid schön«!

Je Authentischer wir wirken, desto mehr Fehler können wir uns leisten

Nehmen wir Bill Clinton. Er hat sich während seiner Amtszeit mehrfach etwas geleistet, für das jeder Filialleiter hätte gehen müssen. Als Präsident hat er alle Affären überlebt. Sein ganzer Auftritt machte den Eindruck, er könne trotzdem seinen Job gut machen, immerhin den des Präsidenten der Vereinigten Staaten von Amerika. Es kommt darauf an, wie gut man bei einer Sache einen authentischen Eindruck macht. Bill Clintons gut tariertes Verhältnis aus authentisch und geprobt, aus authentischem Bill und geprobtem Eindruck, hat ihn schier unangreifbar gemacht, selbst dann, als er einem schlimmen Vorwurf ausgesetzt war: Fellatio im höchsten ovalen Büro des Staates.

Wer hinter dieses Bill-Clinton-Phänomen sieht, entdeckt jede Menge Methode. Sein Auftritt ist das Ergebnis jahrzehntelanger Arbeit. Vor der jüngsten Nominierung des demokratischen Präsidentschaftskandidaten hielt Bill Clinton eine Rede. Er war 67 Jahre alt und inzwischen der beste Redner der Welt. Der teuerste Redner der Welt. Der kann es doch nun wirklich, würden wir sagen. Nein. Diese Rede hat er geprobt. Nicht weil Clinton der beste Redner der Welt ist, muss er nicht mehr trainieren. Das Gegenteil ist richtig: Er ist der beste Redner der Welt, weil er trainiert.

Clinton produzierte Akzeptanz, und sie ist der Treibstoff des Erfolgs. Wir können das an prominenten Beispielen sehen, an so gänzlich verschiedenen Personen wie dem Limburger Bischof und eben Bill Clinton. Bill Clinton musste nach hollywoodreifen Ungeheuerlichkeiten eben nicht seinen Hut nehmen – obwohl er einem durch und durch demokratischen System zur Rechenschaft verpflichtet war und alle seine Handlungen legitimieren musste. Bill Clinton blieb, er hatte auf seinem Akzeptanz-Konto ein Guthaben. Dass umgekehrt ein Protzbischof im Amt bleiben konnte, war undenkbar, obwohl er Führungskraft in einer durch und durch undemokratischen Organisation wie der katholischen Kirche war. Die öffentliche Meinung hatte ihn abgewählt, so unerbittlich, dass sein Chef ihn nicht schützen konnte und wollte. Selbst der Papst ist machtlos, wo der Treibstoff Akzeptanz knapp wird.

Nichtauthentische Gewinner I: Selbstversuch

Das Intercontinental in Düsseldorf. Ich bereitete ein Coaching für den nächsten Tag vor. Etwa gegen acht Uhr abends, ich war gerade angereist, verließ ich mein Zimmer – ich hatte Hunger und ein Glas Wein wäre auch nicht schlecht. Eine Menschentraube stand vor den Wänden auf der Etage, der Fahrstuhl kam nicht. Dann verstand ich: Es war eine Vernissage mit Fotos, die vor den Fahrstühlen auf jeder Etage aufgehängt waren. Dafür also wurde in der Lobby abgesperrt. Häppchen wurden gereicht, Tabletts mit Wein. Nur hin und wieder ging jemand auf die Etagen, um sich die Fotos anzuschauen.

Unten angekommen, ging ich auf die Absperrung zu. Es interessierte mich: Komme ich da rein? Ich war, wie man so sagt, einigermaßen angezogen, smart casual, Einstecktuch, und versetzte mich in den richtigen Film: »... schon wieder eingeladen, nach einen langen Mittwoch, weißgott viel zu tun. Aber man muss ja mal herkommen.« Man müsste meinen, ich sei im falschen Film, aber – durch das »aufgesetzte« Mind Set – vielleicht doch im richtigen?

Ich ging hinein. Kurze Zeit später sah ich, dass sich jemand zu dieser Runde gesellen wollte. Er trug graue Kleidung, eine speckige Mütze. Da er keine Einladung vorzeigen konnte, verwehrte man ihm den Zutritt. Der Mann wirkte auf mich wie einer, der fotografiert oder malt. Er wurde abgewiesen – und das Verrückte war: Er sah aus, als sei er eigens wegen der Vernissage gekommen.

Wie ist es möglich, dass einer, der gar nicht dort hingehört, vom Personal hofiert wird – »Noch dies oder das gefällig?« –, und dass jemand, der sich sicher mehr für Kunst interessiert, keine Chance hat?

Schließlich hörte ich: »Typisch Peter, ganz authentisch.« Es waren seine Freunde, die nichts für ihn tun konnten, da er ja keine Einladung hatte. Ich musste es tun, ich wollte das Experiment toppen, ging zu einem der Hotelangestellten und sagte: »Er gehört zu mir!« Ich wollte noch etwas hinzufügen, was ich gerade erfahren hatte: »Das ist Peter!«, aber das wäre keine gute Idee gewesen, ein konkreter Name, etwas Authentisches, das vielleicht zu Rückfragen geführt hätte: »Welcher Peter? Nachname? Hat er eine Einladung? Gehört er zu Ihnen? Wer sind Sie überhaupt« Konkretes hätte den ganzen Eindruck zerstört. Man überlege sich das! Ohne jede Begründung! Wer bin ich überhaupt? Wie anmaßend: »Er gehört zu mir!« Der nicht Dazugehörende muss den Dazugehörenden retten. Ich habe ihn danach nicht mehr gesehen, er hatte nur kurz gewunken. Wenn wir ins Gespräch gekommen wären und er mich gefragt hätte: »Sie sind Coach? Was machen Sie denn so, was lernen die Leute bei ihnen?«, hätte ich sicher kurz aufgelacht und geantwortet: »Dass sie nicht so authentisch sein sollen.«

Nichtauthentische Gewinner II: xkarenina

Am 21. Mai 1989 wurde Yevheniya Doroshenko in Sumy geboren, im Nordosten der Ukraine. Sie studiert in Hannover Medizin. Im WWW inszeniert sie fast täglich eine Performance als xkarenina; ihr Name ist der Romanfigur Anna Karenina von Lew Tolstoi entliehen, »x« ist ein Trend-Username.

Die Beauty-Welt, die am Nicht-Authentischen prächtig verdient, ist auf gestellte Echtheit angewiesen. Produkte werden lebendig, wenn man sie zeigt, zum Bespiel auf Youtube. Yevheniya, xkarenina, sie nennt sich Reni, hat tausende Videos auf ihrem Kanal und mehrere hundert Millionen Aufrufe. Junge Frauen demonstrieren die Anwendung von Schminke, alles authentisch und trotzdem Fake. Soziale Medien sind enorm wertvoll für Hersteller und Händler. Besser kann man Produkte nicht testen und bewerben. Aber Yevheniya Doroshenko ist nicht mehr die junge Frau, die sich gern schminkt und das gern mitteilt – wenn sie das je war. Sie tut so, als sei sie die junge Frau, die sich gern schminkt und sich so gern mitteilt. Gerade deshalb ist es so gut.

WIE WEIT MANCHE MIT AUTHENTISCHSEIN KOMMEN

Von Politikern lernen: besser nicht!

Was könnten wir von diesem oder jenem Politiker lernen? Vieles gerade nicht, vor allem nicht das, was Politiker gern tun: unverblümt zeigen, wie abgehoben sie sind. Ebenfalls nicht zu empfehlen: erkennen lassen, dass Journalistenfragen ignoriert werden. So mancher, etwa Kohl: »Ich brauche die alle nicht mehr!«, musste das später büßen. Nachdem er abgewählt war, hatten alle eine Rechnung mit ihm offen. Erkennen lassen, dass Fragen ignoriert werden: Schauen Sie sich das nicht ab! Es darf nicht zu sehen sein, dass Sie auf Fragen nicht wirklich antworten.

Von Politikern kann man lernen: Sie wissen, dass Auftritte wichtig sind. Sie wissen, dass es wichtig ist, was man sagt, in welcher Reihenfolge, in welchem Ton. Das ist der Unterschied zwischen Politik und Wirtschaft. Im Business interessieren sich zwar Medien und Öffentlichkeit für den Prozess, wie es zu etwas gekommen ist, aber es gelingt immer wieder, den Prozess unter den Tisch fallen zu lassen. Veröffentlicht wird das Ergebnis. Wenn Mittwoch die Quartalszahlen veröffentlicht werden, können wir noch am Dienstag an Details der Verlautbarung feilen. In der Politik hingegen ist alles öffentlich – bereits der Prozess, nicht erst das Ergebnis. Öffentlichkeit ist für Politiker

Pflicht, Journalisten haben gegenüber der Politik ein Recht auf Auskunft.

Ein Unternehmen muss nicht per se öffentlich Auskunft geben, ein Ministerium hingegen sehr wohl. Umso schwerer wiegt es, wenn Auftritte misslingen, etwa wenn Akteure allzu authentisch auftreten. Eine Pressekonferenz beispielsweise ist dazu da, ein öffentliches Bild zu erzeugen durch gute, disziplinierte Auftritte und gleichzeitig freundliches, authentisch scheinendes Auftreten. In der Wirtschaft ist es undenkbar, dass etwa die prominenteste Person der Pressekonferenz den Pressesprecher vor allen Augen und Ohren bloßstellt und geradezu schikaniert. Ein deutscher Finanzminister hat aber genau das getan. Ganz authentisch hat er seinen Pressesprecher bloßgestellt, weil eine Mappe nicht ordnungsgemäß und pünktlich auf dem Ministertisch lag.

In einem unterscheiden sich Auftritte in Wirtschaft und Politik besonders deutlich: Was für Spitzenmanager selbstverständlich ist, ständig dazulernen, ist es für Politiker keineswegs. Ich kam mit einem Ministerpräsidenten ins Gespräch. Er wollte sich nach einer verpatzen Rede im Bundestag professionalisieren. Wir tauschten E-Mails aus und er gab die Idee an seinen Regierungssprecher weiter. Der Ministerpräsident wollte lernen, sein Regierungssprecher war aber der Ansicht, dies sei nicht nötig, und gab seinem Chef selbst ein paar Tipps. Außerdem sei ich zu teuer. Was man wissen muss: Für die Politik arbeiten viele Berater ohne Honorar. Das Ende vom Lied: Der Ministerpräsident erlebte die nächste Wahl nicht.

Wir wollen authentische Politiker. Das ist verwunderlich und es ist in unserem Demokratiekonzept auch nicht vorgesehen. Politiker sollen Interessen moderieren, dafür sind sie gewählt. Sie sind gerade nicht dafür gewählt worden, sie selbst zu sein. Interessen vertreten heißt, dem Wählerauftrag niemals untreu werden, eher sich selbst. Es liegt im Wesen von Politik, dass Geheimhaltung nötig ist, dass Absprachen getroffen, Informationen gefiltert und manchmal zurückgehalten werden müssen. Das Nichtauthentische ist Voraussetzung der Politik. Der authentische Politiker ist eine Fiktion, ein Missverständnis. Ich habe dieses Buch mit einem *Spiegel*-Redakteur diskutiert; er schrieb dann »Warum Politiker nicht authentisch sein dürfen.«

Trotzdem darf in der Politik genau das offenbar nicht fehlen, genauer gesagt: der schöne Schein. Ein bizarres Beispiel aus der jüngeren Vergangenheit ist die Titelstory eines Nachrichtenmagazins zum Thema Authentizität. Auf dem Cover war als leuchtendes Beispiel Freiherr von und zu Guttenberg zu sehen, auf dem Zenit seiner Schauspielkunst. Dabei war gerade er nicht authentisch. Während seiner Amtszeit hat er jeden Auftritt wie eine Messe zelebrieren lassen und selbst der Abgang auf der Treppe war wie der eines Reichsverwesers. Der Auftritt war einnehmend, vorbereitet, der Mann war gut gekleidet. Er war das Gegenmodell gegen die Langeweile deutscher Politik. Aber er war nicht authentisch im Sinne von: er selbst und sonst nichts. Oder etwa doch, in zwei Varianten? 1. Schien er am Ende authentisch? War es das, worauf selbst das seriöse Nachrichtenmagazin ansprang? 2. Hat er am Ende gar zu authentisch am Sessel geklebt, hat er ganz am Ende zu authentisch sich rechtfertigen wollen, in seiner Eitelkeit verletzt, und sich dadurch jeden Rückweg abgeschnitten?

Wie auch immer die Antwort lautet, man hätte ihm raten sollen: Seien Sie nicht authentisch!

Kommen wir zu Gerhard Schröder. Er blieb immer in der Rolle, schlug deshalb verschiedene authentische Unionskandidaten – und fiel nur ganz am Ende aus der Rolle, als er eines seiner wahren Gesichter zeigte. Der Wahlverlierer Schröder poltert: Die anderen können es nicht, die Frau da gegenüber am TV-Tisch kann es sowieso nicht! Ganz authentisch kam es aus ihm heraus. Hätte er noch Beratung und Coaching gehabt wie in der erfolgreichen Zeit seiner Karriere, wäre das nicht passiert. Der nicht authentische Schröder war acht Jahre lang besser als der authentische.

Zwei authentische Bundespräsidenten – ein fast ruiniertes Amt

Beispiel Nummer 1 ist Bundespräsident Horst Köhler. Angetreten ist er mit einem Eid, dass er sein Tun in den Dienst des Staates stellen wird, dessen höchstes Amt er ausübt, um schließlich, als er angegriffen wurde, ganz authentisch zu reagieren, wie wir alle in der Situation reagieren würden: Er ist beleidigt und schmeißt hin. Wir alle erinnern uns, dass wir als Kind ebenfalls so reagiert haben, wie wir anderen Kindern zusahen, wie sie beleidigt das Spielzimmer verließen. So viel zu dem Klischee, Politiker seien nicht authentisch. Im Gegenteil: Viele – und zwar die schlechteren – sind es gar zu sehr.

Beispiel Nummer 2 ist sein Nachfolger, Christian Wulff. Auch er verstand nicht, in welchem Film er mitspielt. Er war nicht Herr Wulff, der sein Haus abbezahlt, er war eben nicht der Christian, der, wie wir alle, irgendwie gut durch Leben kommen will. Er hätte nicht authentisch sein dürfen. Er hätte verstehen müssen, dass er die Hauptrolle in einem Film spielt.

Vier authentische Kanzlerkandidaten – vier Verlierer

In Wahlkämpfen wird auch dem letzten Beteiligten klar, dass es für die Spitzenpolitiker um die Wurst geht. Sie müssen sich vorbereiten. Man sollte meinen, dass für Politiker Auftrittscoaching zum Berufsalltag gehört. Schließlich reden und antworten sie an sieben Tagen pro Woche. Das heißt aber nicht, dass sie dies ausreichend trainieren. So selbstverständlich ist das Lernen auch wieder nicht. Es geht zu oft zu authentisch zu. Beginnen wir mit dem Prototypen des Authentischen: Edmund Stoiber – der die Wahl verlor. Später kam Frank-Walter Steinmeier zur Runde der allzu Authentischen dazu – auch er unterlag. Und im Wahljahr 2013 trat wieder einer an, der sehr authentisch ist – und schließlich der vierte 2017.

Sehen wir genauer hin. Beispiel Nummer 1: Edmund Stoiber. Der Redaktionsleiter einer Sportsendung war im Wahlkampf als Rhetoriktrainer tätig. Der Coaching-Versuch schaffte es sogleich in die Zeitung. Das ist in der Wirtschaft nahezu undenkbar. Warum war es hier so? Der sich am Rhetoriktraining versucht hatte, war Journalist. Das wirft zwei Probleme auf. Erstens: Journalisten werden dafür bezahlt, Informationen zu veröffentlichen, das hat der dann auch getan. Zweitens: Ein Journalist ist kein Rhetorikcoach. Über das Ergebnis sollten wir den Mantel des Schweigens breiten. Schwamm drüber, aber spannend für unser Thema. Dahinter stand die Marschrichtung, die sein PR-Berater öffentlich vorgegeben hatte: »Stoiber ist schon 60 und lässt sich nicht mehr verbiegen.« Der Kandidat musste nichts lernen. Das ist ganz erstaunlich: Jeder Arbeitslose soll sich so lange fortbilden, bis er einen Job bekommt, aber wer Kanzler werden will, muss nichts dazulernen? Diese Überzeugung wurde beständig wiederholt. Die Erbsünde der politischen Auftrittsberatung heißt: Der Kandidat »soll sich nicht verbiegen«.

Als Angela Merkel 2005 auf die TV-Duelle vorbereitet werden sollte, hatte Indiskretion Methode. Bereits ein paar Tage vorher stand in der Zeitung: »Herr X wird Angela Merkel für das TV-Duell am Donnerstag coachen.« Dieses Mal war es ein Fernsehmoderator und zwei mal drei Stunden Beratung. Das denkbar Schlechteste geschah: Mehrere Personen redeten auf die Kandidatin ein und zupften an ihrer Kleidung herum. Und wieder dasselbe Modell: der Moderator als Coach und alles unter höchstem Zeitdruck. Erst Stoiber, dann Merkel, beide Male dasselbe Prinzip: ohne didaktische Qualifikation, von einer Coachingausbildung zu schweigen, dafür indiskret.

Beispiel 2: Der Kandidat »lässt sich nicht verbiegen« ist ein altes deutsches Lied, das immer wieder gerne gesungen wird. Auch für den Kanzlerkandidaten Frank-Walter Steinmeier wurde es im Vorfeld des TV-Duells 2009 angestimmt, als dieser Angela Merkel ablösen wollte. Frank-Walter Steinmeier ist keine Stimmungskanone, aber er genießt hohe Glaubwürdigkeit – Schweres und Langsätziges gilt unter Deutschen als Kompetenznachweis. Er war besser geworden, hatte den Auftritt ein wenig aufgepeppt.

Seine Chance war zum Greifen nah, zumal Angela Merkel in dieser Zeit nicht gut wirkte. Ihr Schluss-Statement im TV-Duell ging zum einen Ohr hinein und zum anderen gleich wieder heraus. Steinmeier hätte eine gute Chance gehabt und fast hätte er es geschafft. Coaching hätte seine Chancen deutlich verbessert, Training so lange, bis wir den Eindruck gehabt hätten: Der Kandidat ist authentisch.

Er hatte Training, ein paar mal für ein paar Stunden. Vielleicht hätte er mehr an sich arbeiten müssen. Wenn sogar Sie als Nicht-Kanzlerkandidat bereits mehrere Präsentationsseminare hinter sich haben, dann hätte er das Fünffache, das Zehnfache an Coachings haben müssen.

Malcolm Gladwell, der das Geheimnis der »Überflieger« untersuchte, sagt über die richtig Erfolgreichen, ob im Sport oder anderswo: »Sie haben nicht mehr oder viel mehr geübt; sie haben sehr viel mehr geübt.« 10 000 Stunden macht er bei den erfolgreichen Sportlern und Musikern aus, das Mittelmaß hat 3000 Stunden investiert. Deutsche Kanzlerkandidaten trainieren ihre Auftritte ... ein paar Mal, ein paar Stunden.

Mehr ist für deutsche Kanzlerkandidaten kaum durchsetzbar, wenn schon die Berater sagen, das sei nicht nötig. Auch Steinmeiers Medienmann war der Ansicht, sein Chef solle »authentisch« sein und man wolle »ihn so lassen wie er ist«. Wir wissen, was daraus wurde: Das Ergebnis war knapp, aber er hat verloren. Der Kandidat »lässt sich nicht verbiegen«, da ist sie wieder, die Erbsünde der politischen Auftrittsberatung. Und auch in diesem Fall wurde über die rhetorische Vorbereitung des Kandidaten in der Presse berichtet.

Es hat wieder nicht gereicht. Was wäre gewesen, wenn der Kanzlerkandidat weniger »authentisch« gewesen wäre? Wenn ihn seine Berater nicht gelassen hätten, »wie er ist«, und wenn er – wie es Überflieger tun – viel trainiert hätte, mit Methode und nicht nur mit ein paar Tipps von Fernsehjournalisten? Nicht auszudenken. Und wieder beobachten wir eine Mischung aus Authentizitätwahn, nicht qualifizierten Beratern und Indiskretion. Das scheint Methode zu haben.

Das dritte Beispiel spielt im Jahr 2013. Peer Steinbrück steht in dem Ruf, Coaching abzulehnen. Wozu auch, er ist seiner selbst sicher. Als herauskam, dass er jahrelang seine Abgeordnetentätigkeit vernachlässigt hatte, lautete sein Statement, er müsse sich dafür nicht entschuldigen, man habe ihn ja zu den Vorträgen eingeladen. So ist er, so kennen wir ihn – und so musste er scheitern. Steinbrück klagt, das Gehalt des Bundeskanzlers sei deutlich niedriger als das für vergleichbare Positionen in der Wirtschaft. Das ist richtig, es passt aber nicht in seinen Film, sich darüber zu beklagen. Doch ganz authentisch sprudelt es aus ihm heraus.

Es ist ein alter Topos, die Ware Kandidat als »authentisch« zu deklarieren, seit dem Verliererberater Spreng. Leider verführt das jetzt schon im vierten Wahlkampf zu einem Kurzschluss – und im schon dritten Anti-Merkel-Wahlkampf. Wir sind bei Nummer vier, Martin Schulz 2017. Schon im Körperausdruck ist die Anspannung des Herausforderers zu erkennen: Er hält seine Hände oft fest, das wirkt fast verkrampf. Und man merkt das auch in der Stimme, die klingt dann rau und gepresst, er muss ackern, er muss schieben. Das wirkt alles andere als gelassen. Ein

Arbeiter im Weinberg des Herrn. Keine Flughöhe, er zeigt sich, wie er ist.

In welchem Film spielte Schulz? In seinem eigenen! Wo die amtierende Kanzlerin *presidential* sein durfte, glaubte der Opponent kämpferisch sein zu müssen. Das ist richtig, aber es leider auch sehen, wie einer zu kämpfen hat. Eine Falle, die ihn kantig und humorlos wirken ließ, letztlich strukturell unsouverän.

Dass schon drei Kandidaten in die Falle tappten, hinderte Martin Schulz nicht daran, dasselbe zu tun. Schon bald begannt der auch wieder mit dem authentisch-Zeugs, und der sagt es auch noch über sich selbst: »... diese Sehnsucht nach authentischen, glaubwürdigen Politikern. Ich glaube, dass ich so einer bin. Ich bin leidenschaftlich, ich bin echt.«

Es hätte die Chance gegeben, umzudenken. Aber das tun die in den Angreiferparteien nicht. Lieber mehr vom Gleichen: Als Schulz, wie er ist, zu scheitern drohte, bekamen wir mehr vom authentischen Schulz. Ganz schlimm, wie er sich in einem preisgekrönten *Spiegel*-Artikel »ganz offen« zeigte: Frei von der Leber weg.

Inzwischen schon vier Kanzlerkandidaten haben eines gemein: Sie wollen und wollten vornehmlich sie selbst sein. Vier haben verloren. Dieselbe Methode, dasselbe Ergebnis? Wenn wir uns fragen, warum die Politiker allzu authentisch sind, finden wir die Antwort beim Blick auf hausgemachten Rat um sie herum. Qualifikation, Vertraulichkeit, Diskretion, gewurschtelt wird oft jenseits aller Prinzipen. Ein Rhetorikcoach ohne Rhetorikausbildung hätte an kaum einer Volkshochschule gute Chancen. Wie die Beratung, so die Kandidaten?

Und um es komplett zu machen, als sei das alles nicht schon genug: Auch 2017 gab es den Gipfel der Indiskretion: Die SPD hatte zur Vorbereitung des TV-Duells einen Tausendsassa engagiert, dessen einiges Markenzeichen Marktschreien ist. Eine verwegene Vorstellung, dass der ausgerechnet in diesem Punkt diskret sein sollte. Es stand – schon vor dem Training – in zwei großen Leitmedien, wer sich am Coaching des Duell-Vortages versuchen würde.

Beim TV-Duell

Das Studio Berlin-Adlershof ist ebenso weiträumig wie trostlos, aber es ist alle Jahre wieder Schauplatz des TV-Duells vor der Bundestagswahl. Die Kontrahenten stehen an aus Holz und Plexiglas gefertigten Pulten, kaum zwei Meter voneinander entfernt. Das Studio ist in verschiedenen Blautönen gehalten. Beide Kandidaten wollen den Eindruck von Spontaneität und Lockerheit vermitteln. Sie müssen authentisch scheinen. Es fällt ihnen schwer, sie sind Deutsche.

Ich stand auf einem dieser Podeste, die die Sender für Ihre Experten aufgebaut hatten; Es war mit Händen zu greifen; die Luft zum Schneiden. Die Kanzlerin lag vorn. Aber durch das Duell nahm der Wahlkampf eine unerwartete Wendung. Gleich zu Anfang, im ersten Statement, merkte jeder: Der Kandidat hatte für das TV-Duell dazugelernt; er hatte offensichtlich einen Plan. Über die 90 Minuten sollte er fast immer im richtigen Film sein. Das war nicht einfach. Gegenüber einer Frau musste er die Contenance bewahren und trotzdem seine rhetorischen Ziele verfolgen. Das Duell ist zudem ein Kampf und das, was der Verfolger gut – authentisch – konnte, war gerade dort gefragt: behaupten, abbügeln und attackieren. Steinbrück gewann dazu. Dass er im TV-Duell die Oberhand behielt, ist ein Beleg dafür, was man erreichen kann, wenn man früher aufsteht. Um es klar zu gewinnen, muss man jedoch sehr früh aufstehen, und genau das war nicht passiert. Eingangs- und Schluss-Statements waren auswendig gelernt. Das ist in Ordnung, aber nur, wenn es nicht zu sehen ist. Wie viele Stunden hatte Peer Steinbrück in sein Training investiert? Genau weiß ich es nicht, aber ich tippe: weniger als ein paarmal ein paar Stunden.

Wir sind noch beim TV-Duell 2013: Der Herausforderer holte auf, die Kampfstimmung war fast mit Händen zu greifen. Steinbrück sprach jene an, die sich für Politik interessieren. Seine Kontrahentin sprach jene an, die sich nicht für Politik interessieren, die entscheidenden. Es waren die schlichteren Merkel-Sätze, die wirkten: »Es gibt noch viel zu tun, wir als Deutsche wissen das ja, es soll noch mehr solche guten Jahre geben, wir wollen das nicht gefährden, wir wollen das gemeinsam schaffen, es soll noch ein bisschen besser werden ...« Nur Rhetorik, oder? Aber gewählt haben wir nach Eindruck, nicht nach Ausdruck: Der Authentische verlor, die Nicht-Authentische gewann, Gewählt wurde wieder einmal Variante zwei. Der eine redete seinen »Klartext« – aber die andere wirkte so, als täte sie es.

Und 2017? Martin Schulz hatten sie als Schluss-Statement einen kunstvoll geschriebenen Text verfasst, der war nicht billig, den hat der Kandidat aufgesagt, wie ein Gedicht. Schauerlich. Angela Merkel dagegen hat mit einfachen Worten das Publikum angeredet; Wählen Sie mich! So lange niemand kommt, der das besser kann, Zugang zu Menschen, sieht es schlecht aus.

Wer jetzt noch sagt: »Nur Rhetorik, zu wenig Inhalt«, und behauptet, gute Vorbereitung sei unethisch, den erinnern wir daran, dass der »Inhalt« das deutsche Ventil ist, um rechtzeitig aussteigen zu können, wenn etwas in Arbeit ausartet. Ein Minister gibt Fehler zu, aber »inhaltlich«, sagt er, habe er alles richtig gemacht. Höchstens »inhaltlich« werde er sich auf seine Auftritte vorbereiten, sagte einer der Kandidaten bei der Vorstellung seiner Wahlkampf-Kampagne. Egal welcher der vier es war: Das Ergebnis kennen wir.

Dead Pan. Die Grenzen des Merkel-Around

Ein Schauspieler – daher kommt der Begriff – muss imstande sein, überhaupt keine Regung zu zeigen – wie eine »tote Pfanne«. Das Ziel: Niemand weiß, was sie oder er fühlt, es braucht die Fähigkeit, den Nicht-Ausdruck zu spielen. »Doch wie's da drin aussieht, geht niemand was an«, heißt es in einem Operettentext. Damit sind wie bei der nichtauthentischen Gewinnerin – nach den Worten über die authentischen Verlierer. Merkels Kunst des Dead Pan ist unübertroffen. Im entscheidenden Moment gelingt es ihr, einen Gesichtsausdruck darüberzulegen. Das ist ganz großes Kino – das Nichts als Performance.

Sie erreichte zeitweilig die höchste Stufe, den schwarzen Gürtel in der Kunst des Authentischen: Man kann Angela und Rolle nicht trennen. Da ist merkwürdig, dass sie gerade das mit zu Guttenberg versucht hat. Sie sagte »Ich habe ja keinen wissenschaftlichen Assistenten eingestellt«.

Sie ist damit sehr weit gekommen, aber eben nicht weiter. Für die Grenzen des Merkel-Around habe ich eine Szene vor Augen. In einem Hotel in Miami Beach bat mich jemand, der wusste, dass ich Deutscher bin: »Don't merkel around all the time, give me a clear statement!« Merkel nicht rum, red Klartext!

Die Kanzlerinnenmethode hat Grenzen, spätestens wenn sich die Inhalte weiter verabschieden. Die Merkelisierung der politischen Rede war gefährlich. *Niemals* konkret werden ist dann doch zu viel des Guten. Manipulation ist eine Droge, für Manipuliererinnen wie Manipulierte. Je mehr die Menschen durch Merkel von der Schwere der Eurokrise und von härteren Zeiten hörten, desto mehr wünschten sie sich Merkel, schrieb eine Zeitung. »Es ist schlimm, aber wir schaffen das.« Diese Methode infantilisiert und schließt Gehirne kurz, wenn sie sich weiter perfektioniert. Demokratie befördert Rhetorik. Aber tut das der Demokratie gut? Langfristig sicher nicht. Am Ende der Rhetorik steht fast immer die Diktatur.

Von Spitzenmanagern lernen: eher schon

In den Executive Modus kommen

Eine typische Szene: Gleich müssen Antworten auf kritische Fragen gegeben werden, eine *dinner speech* muss über die Bühne, eine Podiumsdiskussion – scheinbar harmlose kleine Auftritte. Aber Im Ergebnis kann der Börsenkurs fallen, der Vertrag kann nicht verlängert werden, der Staatsanwalt kann kommen, all das wegen einer Rede und ein paar Antworten. Angesichts solcher Situationen sollten wir fragen: Was können wir von Menschen lernen, die in einer solchen Lage wie Puppen reagieren müssen? Antwort: Alles: Sich vorbereiten, auf das, was man und wie man es sagt, wie man durch die Tür kommt. So sollte es auch bei Ihnen sein; es gibt keinen Unterschied. Spitzenmanager erleben nur in gesteigerter Form, was wir alle erleben, wenn wir andere überzeugen müssen. Von Spitzenmanagern lernen: Eher ja!

Es ist aber auch riskant, Topmanager als positives Beispiel zu verwenden: Sie haben ein schlechtes Image. Über drei Viertel der Deutschen stellen Managern der Wirtschaft kein gutes Zeugnis aus, wenige würden ihnen Vertrauen schenken. Nur ein Prozent (!) sprach in einer GfK-Umfrage Managern großes Vertrauen aus. Liegt das am Auftritt? Selbstverständlich. Das Publikum kennt ja nichts anderes als die Auftritte und Zeitungs-Zitate und die sind nicht immer glücklich. Von Spitzenmanagern lernen heißt deshalb immer auch, aus deren Reinfällen zu lernen. Oft ist der Auftritt hausgemacht, manchmal allzu authentisch. Über den Vorstandsvorsitzenden eines Automobilkonzerns schrieb eine Zeitung, er sähe aus »wie ein Ingenieur und nicht wie ein Gestalter«, ein anderer wieder wird als »der beste Elektromechaniker« der Republik scheinbar gelobt, tatsächlich jedoch verspottet, der Vorstandsvorsitzende einer Airline wird deklariert als »der Aerodynamiker« – nur aufgrund ihrer Auftritte! Wollen Sie, dass man sie unterschätzt, dass man Ihnen keine Führungswirkung zutraut, nur weil sie authentisch sind? Ich rate ab.

Wie kann man in einem Film authentisch sein oder besser Typ II: authentisch scheinen? Ich erkläre es mit einer Metapher: Meine Arbeit mit Klienten ist ein Puppenspiel.

Nach oben hin wird es heikler, politischer – fein ausgedrückt: diplomatischer; hart gesagt: manchmal inhaltsleerer und puppenhafter.

Es scheint hier gar nicht relevant zu sein, wie ein bestimmter Manager ist, sondern nur, ob er die Aufgabe bewältigt. Öffentlichkeit, Aktionäre, Mitarbeiter und Kunden der Organisation wollen: eine wirkungsvolle Rede, ein zutreffendes Statement, eine gute Antwort – einen guten Eindruck.

Man muss es sagen: Auftritte deutscher Spitzenmanager sind, wie auch die der Politiker, notorisch schlechter als etwa die der angelsächsischen Kollegen. Der Fauxpas lauert an jeder Ecke, die Langeweile ist gern gesehener Gast. Manche Auftritte werden nur mit Texten und Charts vorbereitet – obwohl sie eigentlich »Aktionen« sind und hätten geprobt werden sollen. Die Ursache liegt im Kopf: Viele sind noch im Experten-Modus, während sie längst auf Wirkung gebürstet sein müssen, im »Executive-Modus«.

Von Passagierpiloten lernen: unbedingt

Nicht jede Wahrheit aussprechen

Flugzeugabstürze gibt es nicht etwa nur, weil Piloten ihren Job nicht gut machen, das kommt auch vor, ganz selten. Flugzeugabstürze gibt es, weil Fahrwerke nicht ausfahren, Instrumente versagen oder weil Vögel in Triebwerke geraten. Warum sind Flugzeugabstürze auch wenn sie so gern in Büchern vorkommen, so selten – und werden immer seltener? Der Grund ist: Ausbildung und Standards der Piloten sind inzwischen weltweit auf einem einzigartigen

Niveau. Vielleicht sind Piloten die professionellste Berufsgruppe, die es je gab. Sie nehmen wenig Authentisches mit an den Arbeitsplatz.

Die Bordansagen-Seminare begannen pünktlich um 9:27 Uhr auf der Basis in Frankfurt: alle paar Tage etwa sieben Flugzeugführer, ein Raum, darin Cockpit und Kabine mit scheinbar echten Geräuschen, mehrere Mikrofone. Noch einmal der Cartoon mit dem Koch, der aus der Flugzeugkombüse kommt und kleinlaut sagt: »Mir ist heute nicht nach Kochen smutje«. Die Passagierpiloten hatten den Cartoon auch deshalb an die Wand gehängt, weil sie niemand je fragen wird, ob ihnen nach Fliegen zumute ist. Nichts in ihrem Job ist authentisch. Gott sei Dank, wir sind nicht davon abhängig, welche individuellen authentischen »Flugstile« sie haben: Sie befolgen Regeln, sie spielen Rollen. Flugzeugführerin und Flugzeugführer, das ist der Prototyp des nicht Authentischen, 100 Prozent Norm, pure Professionalität. Präzision ist alles, individuelle Umstände – »Ich stand im Stau« – dürfen nicht vorkommen. Das Prinzip der Piloten heißt: nichts Individuelles. Departure 9:27.

Ich habe kaum je wieder so viel Professionalität in einer so guten Mischung erlebt. Dabei sind Piloten keineswegs stromlinienförmig: Sie malen, tanzen, komponieren, dichten und fotografieren privat. Aber im entscheidenden Moment führen sie eine Arbeit aus, die nicht durch falsche Authentizität gestört wird. Das Ansagen-Training für Piloten ging über drei Jahre, vielleicht hundert Tage. Wir haben mit fünf Coaches wieder und wieder Situationen durchgespielt und ihre rhetorische Form gesucht. Geschult haben wir 3200 Profis mit je drei Statements:

1. Freundliche Worte mit Zugang zu Menschen, die man nicht sieht und die ganz nah und trotzdem in einer ganz andern Lage sind.
2. Extrem einfache Information über technische Details.
3. Beruhigung und Ermutigung in kritischer, jetzt gemeinsamer, Lage.

Aus diesem Training kristallisierten sich wiederkehrende Prinzipien heraus, die für alle gelten, die in einem riskanten Umfeld sprechen – also für alle im modernen Business. Das erste Prinzip hoch professionalisierter Berufe heißt: Es ist oft ganz und gar unverantwortlich, vollkommen authentisch zu sein, weil das verheerende Wirkungen hätte. Im Flugzeug hätte es in der Passagierkabine verheerende Wirkungen. Passagierpiloten wissen, dass es ganz und gar unverantwortlich ist, »authentisch« die Wahrheit zu sagen.

Daraus könnten wir lernen, auch wenn es uns schwerfällt. Bedenken wir, dass selbst Topmanager, die nicht zuletzt für ihre Professionalität bezahlt werden, Probleme damit haben. Zwei Mal war es eine große Bank, die Auftritte ihres Vorstandsvorsitzenden im Nachhinein reparieren wollte, das erste Mal nach dem Victory-Zeichen im Januar 2001: Im Gerichtssaal hatte der Vorstandsvorsitzende der Bank zu dem Vorstandsvorsitzenden des Industriekonzerns Mannesmann gesagt: »Das ist ja hier wie bei Michael Jackson.« Ein Fotograf hatte zum Spaß gesagt, dass hier das Gericht zu spät kommt, während in den USA einige Tage zuvor Michael Jackson, dessen Prozess parallel begonnen hatte, zu spät gekommen war. Michael Jacksons Geste auf dem Weg zum Gericht war das Vorbild für das

Victory-Zeichen. Die Kommunikationsleute hatten diese Wahrheit veröffentlicht und damit ihren Chef mit einem Kinderschänder-Prozess in Verbindung gebracht.

Fast zehn Jahre später erleben wir ein zweites Mal dasselbe Prinzip. Derselbe Mann hatte sinngemäß gesagt, Frauen in den obersten Führungsebenen machten das Business »bunter«. Und wieder wurde zwei Tage später die Wahrheit gesagt: Der Vorstandsvorsitzende sei ein »Gentleman alter Schule«, so sein Kommunikationsmanager. Mit anderen Worten: Der würde es wieder tun! Der ist auch noch so! Im ersten Fall gab es nur die eine Wahrheit. Man hätte gar nichts sagen sollen, außer: Es tut mir leid. In diesem zweiten Fall hätte es andere Wahrheiten gegeben, etwa: Es gibt kein Unternehmen, das so bunt ist wie diese Bank, mit Menschen aus allen Bereichen des Lebens, aus allen Kontinenten und allen Glaubensrichtungen.

Wir alle führen oft genug das Herz auf der Zunge. Gefährlich wird das, wenn die Verantwortung steigt. Wir richten dann großen Schaden an, wenn wir Wahrheiten aussprechen, die besser ungesagt blieben. Von Pilotenansagen können Sie lernen – und von ihren Gott sei Dank seltenen Fehlern. Noch einmal zurück zu den Passagierpiloten, diesmal auf das Rollfeld:

Zürich, an einem Dezembertag: ein fast klassisches Beispiel aus der Pilotenwelt. Am Nachmittag begann es zu schneien, der Flughafen wurde gesperrt. Alles, was nach Deutschland wollte, versammelte sich in der Lounge. Es ist normalerweise ein Ort, an dem es stilvoll zugeht, an jenem Tag aber sah es aus wie auf einer Dorfkirmes: Erdnüsse flogen, Alkohol floss reichlich. Es dauerte dann bis halb zehn, bis ich im Flugzeug saß. Wir hörten die Stimme des Kopiloten, ein junger Mann offenbar, etwas unsicher: »Meine Damen und Herren, wir haben gerade die Starterlaubnis bekommen, aber auf Ihrem Ticket steht Sicherheit, darauf haben Sie ein Anrecht. Wir haben starken Rückenwind, das macht uns Probleme. Rückenwind ist gefährlich, wie gesagt, vom Tower aus könnten wir starten, aber wir wollen kein Risiko eingehen, Rückenwind ist gefährlich. Wir werden also jetzt wenden und dann versuchen wir es von der anderen Seite der Landebahn noch mal.«

Was war geschehen? Der Flugzeugführer hatte die Wahrheit gesagt, gut gemeint, nicht durchdacht, von niemandem kritisiert. Es waren aber Wahrheiten, die uns nicht hätten zu Ohren kommen sollen, zumindest nicht in dieser Form. Wir wollen als Passagier in dieser hilflosen Situation einfach nicht erfahren, dass es ein »Problem« gibt, dass etwas mit »Risiko« verbunden ist, dass es »gefährlich« ist und dass die beiden da vorn irgendetwas »versuchen«, wo wir doch wissen, dass Versuche regelmäßig scheitern. Die strikte Professionalität des Piloten erstreckte sich nicht auf den persönlichen Auftritt.

Schon Voltaire sagte: »Alles Gesagte sollte wahr sein. Aber nicht alles, was wahr ist, sollte gesagt werden.« Merken wir uns das.

Von Starköchen lernen: klares Ja

Das Handwerk inszenieren

Ein Koch war vor kaum mehr als fünfzehn Jahren schlecht bezahlt, mit dem Geruch von Mittelmaß, ein Beruf wie viele andere, eher unattraktiv, austauschbar. Plötzlich wurde alles anders. Fernsehköche gab es schon lange, aber plötzlich gab es »Promiköche«. Ein unglaublicher Hype um das Kochen setzte ein, dessen Ende nicht absehbar ist. Zusammen kommen müssen, wie bei einem Kochrezept, zwei Dinge: 1. Individuell-Unverwechselbares und 2. handwerklich Erprobtes, Übung.

Es sind zwei vollkommen verschiedene Dinge. Ersteres kennen wir bereits: Wir wollen wir selbst sein, einzigartig und nicht zu verwechseln. Das ist bei jeder Art von Prominenz wichtig: unverwechselbar, einzigartig, wiedererkennbar, eigen und echt – Eigenschaften, die wir Idolen zuschreiben. Wir denken beim Kochen an Köpfe: Lafer, der immer so schön satt und selig lächelt, Mälzer, der einen Erfolg nach dem anderen landet. Diese Profiköche sind die ausgebufftesten Darsteller.

Jamie Oliver ist alles andere als der nette Jamie, der gern kocht. Das Gesicht auf den Kochbüchern ist das Ergebnis einer beispiellosen Professionalisierung. Dies ist die zweite Essenz, die, die den Auftritt erst genießbar macht. Nicht nur im Fall der Köche kommt zur Individualisierung ein Zweites hinzu: Professionalität. Bevor ich ab jetzt nur noch Ratschläge gebe, heißt der vorläufige Zielsatz: Die pure Authentizität Typ I macht Probleme. Besser ist die Authentizität II, die scheinbare, die professionelle.

Nimmt man alles zusammen, ist es wie schon zu Anfang im Beispiel von Elvis Presley. Es kommt tatsächlich darauf an, ob Sie authentisch scheinen, und nicht, ob Sie es sind.

WARUM ES ANDERS IST, ALS ES UNS GESAGT WIRD

1 / Je sozialer, desto weniger authentisch sind wir

Wert durch Abstand

Wir sollten uns mit einem Naturgesetz vertraut machen. Es scheint gänzlich unbekannt zu sein. Das Naturgesetz heißt: Je mehr andere anwesend sind, desto weniger genügt uns das, was wir in uns haben, und desto mehr tun wir hinzu. Anders gesagt. Je mehr Zuschauer wir haben, desto professioneller werden wir.

Das Soziale erleichtert unser Leben. Die anderen, die um uns sind, sorgen aber auch dafür, dass wir uns verstellen. Und hier beginnt das Problem. Sozial zu sein bedeutet eben gerade nicht, authentisch zu sein. Der Stanford-Professor Jeffrey Pfeffer hat es in seinem Buch *Power* in Bezug auf Manager beschrieben: Zunächst erleichtert das Soziale, einfache Dinge in Gesellschaft zu tun. Das schätzen wir. So bald aber der Grad an Komplexität steigt, werden wir professioneller. Wir alle müssten es kennen: Je mehr wir beobachtet werden, desto besser müssen wir uns auf Eindrücke und Auftritte vorbereiten und desto weniger authentisch können wir sein. Das artet in Stress aus. Wenn der Druck eines Amtes und also auch der Grad an Öffentlichkeit steigt, kippt steigende Aufmerksamkeit um: Manche Menschen in strengen Rollen empfinden Öffentlichkeit als so belastend, dass sie ihre eigentliche Arbeit nicht tun können. Aber es könnte auch anders kommen: Die Arbeit am Auftritt könnte zum Kerngeschäft gehören.

Ist jemand von mehr und mehr Publikum umgeben, schlägt Quantität in Qualität um, diesmal in umgekehrter Richtung: Je intensiver wir uns vorbereiten, je mehr wir üben, desto authentischer können wir scheinen. Je mehr der Schauspieler probt, desto besser spielt er. Er spielt gut durch viel Übung und spielt dadurch fast so, als stünde er leibhaftig vor einem, als sei er authentisch. Er ist es aber nicht.

Am Ende gilt das Naturgesetz, später werde ich es als das Paradox des Authentischen zeigen: Je professioneller wir sind, je mehr wir etwas schon mehrfach ausprobiert haben und es nur noch ausführen, desto authentischer können wir scheinen. Dem Meister, der geübt hat, scheint alles ganz authentisch von der Hand zu gehen.

2 / Social Media machen nicht authentisch

Zwang zur Inszenierung

Das Soziale erleichtert unser Leben, aber unterstützt es auch das Authentische, braucht es das überhaupt? Wir su-chen beständig uns selbst. Dazu brauchen wir Bezugspunkte. Heute werden Bezugspunkte technisch multipliziert. Das Internet macht uns gläsern. Und es entfernt uns vom Nur-Authentischen. Oder glauben Sie wirklich, dass es Ihr echtes Selbst unterstützt? Das Gegenteil ist wahr.

Nach allem, was wir wissen, scheint es problematisch zu sein, die anderen zu sehr in uns hineinschauen zu lassen. Wir können öffentlich dabei zusehen, wie eine gnadenlose Glaskastenindustrie zugange ist.

Sei nicht authentisch! Das ist zugleich der Imperativ für alle, die sich täglich in unzähligen Digitalkommunikationen selbst darstellen. Das Netz verschafft der Arbeit am Eindruck, am Auftritt einen Turbo. Seine Anonymität unterstützt die Lust nach Verstellung. Alle »sozialen« Medien verlangen nach Modifizierung des Echten – bis nichts Echtes mehr übrig ist. Ist die Entfernung vom Authentischen unprofessionell, ist es peinlich. Ist die Entfernung vom Authentischen professionell hergestellt, genießen wir sie.

Die enorme Anzahl der Zuschauer und Follower, die wir um uns scharen, sorgen dafür, dass wir uns verstellen. Und hier beginnt das Problem. Sozial zu sein bedeutet eben gerade nicht, authentisch zu sein. Es führt Sie geradewegs ins Gegenteil. Das Netz ruft: Sei nicht authentisch!

Heute wird fast alles geliked, gepostet, geadded und gefollowed. Machen Sie sich klar, dass Sie unter Beobachtung stehen. Zu jedem Film, in dem Sie spielen, gehört Sichtbarkeit. Fast jede Berufsrolle ist sinnlos ohne Publikum. Sichtbarkeit verschafft der Rolle Leben. Und Sichtbarkeit verbietet pure Authentizität. Wer in einem Film spielt, muss sich öffentlich legitimieren. Wenn Sie sich also daneben benehmen wollen, dann tun Sie das lieber fernab von Smartphones.

3 / Selbstdarstellung ist in Ordnung

Was denn sonst

In meinem Vorgänger-Buch heißt ein Kapitel »Die Mechanik des Auftritts«. Viele haben sich daran gestoßen. Wieso Mechanik? Wo bleibt das Authentische? Das ist verständlich. Wenn wir über den Ausdruck eines Menschen reden, suchen wir ja das Authentische. Wenn wir jedoch über den Eindruck reden, den jemand machen will, dann geht das nicht ohne Mechanik. Selbstdarstellung ist ein Handwerk wie jedes andere. Man kann es lernen.

Man rät Ihnen: Sie sollen kein Selbstdarsteller sein. Wenn man es genau nimmt: Sie sollen nicht sich selbst darstellen. Aber was dann? Sie machen immer Eindruck. Ihre Aufgabe ist es, daran zu arbeiten, welchen Eindruck Sie machen. Vielleicht stimmt ja auch hier das Gegenteil dessen, was wir immer hören. Wahre Schönheit kommt von außen.

Bei diesem Thema denken wir sofort auch an das Gegenteil: Menschen, die bescheiden sind, sich nicht in den Vordergrund drängen. Wenn Sie ein solcher Mensch sind, besteht die Gefahr, dass Sie sich zu sehr verstecken. Dass sie nicht vorbereitet sind, wenn es aufzustehen gilt, wenn Sie etwas vertreten müssen, wenn Sie auftreten, wenn Sie Eindruck machen müssen. Nicht nur für eine Sache, oft für eine Firma, einen Arbeitgeber – und sich selbst. Selbstdarstellung eben.

Der Grund für die Bescheidenheit ist, dass wir Selbstdarstellung sofort in die Nähe der Täuschung rücken. Selbstdarstellung ist aber nicht unethisch. Ohne Selbstdarstellung gäbe es keine Darstellung. Was verkaufen Sie, wenn Sie auftreten? Sie verkaufen keine Schrauben, Produkte oder Lösungen. Sie verkaufen sich selbst.

Das ist wahr und auch wieder nicht. Sie verkaufen nämlich immer auch ein Anliegen – die wenigen, die immer nur sich selbst verkaufen, sind langfristig nicht erfolgreich. Lassen Sie uns von den anderen lernen, die *für* etwas auftreten. Diese fügen zu dem, was sie mitbringen, etwas hinzu. Das sind erstens Haltungen, zweitens Pläne und drittens Methoden.

4 / Es gibt keine Naturtalente

Ende der Ausreden

»Barack war fast zwei Monate nicht hier. Ich habe ihn gestern oder vorgestern gesehen. Hören Sie sich das an: Er wird wieder langsätzig! Er muss wiederkommen!« So etwas verraten sie einem ganz ungeniert im Büro des Auftrittscoaches der Demokraten in Washington. Warum sind sie so offen? Weil ihnen klar ist, dass man Performance nur nachhaltig schafft mit Training. Obama ist ein Intellektueller, ein Mann voller Komplexität. Obama ist Jurist, und er soll ein Rechthaber sein, sicher nicht von Haus aus rhetorisch geschickt, wirklich kommunikativ, einfach, erst recht nicht. Dennoch gilt er als Lichtgestalt der Rhetorik und wird dafür in Büchern besungen – »Say it like Obama!« Ist Barack Obama authentisch oder ein Naturtalent? Natürlich nicht. Er ist durch und durch inszeniert.

Wir könnten das Spiel auch mit anderen Lichtgestalten des Eindrucks und Auftritts spielen. War zum Beispiel

Steve Jobs authentisch? Natürlich nicht! Ein rechthaberischer Nerd, langsätzig, unkommunikativ, cholerisch, ungerecht, ohne Zugang, ohne ein freundliches Wort und fast ohne Freunde. Einen Mitarbeiter soll er im Fahrstuhl gefeuert haben, einen anderen nur deshalb, weil er ihm Mineralwasser einer falschen Marke vorsetzte. Er bat noch kurz vor seinem Tod seine Angestellten um ihr iPhone – um sie zu entlassen, wenn es nicht Passwort-gesichert war. Schon 1981 ging eine 10-Punkte-Liste mit Beschwerden über Steve Jobs an den Aufsichtsrat: unzuverlässig, erkennt die Leistungen anderer nicht an, wird persönlich, ausfallend und verletzend, unterbricht ständig, lässt Menschen nicht ausreden. Allzu authentisch.

Und der Eindruck? Steve-Jobs-Auftritte hingegen waren grandiose Shows, nicht nur Monologe, wie man denken könnte. Sie waren durchsetzt mit Zugangs- und Wertschätzungsformeln, mit »wir« und »Sie alle hier«. Ist Steve Jobs ein Naturtalent oder authentisch? Natürlich nicht.

Nur wenige Wörter bringen das deutsche Missverständnis so sehr auf den Punkt wie »Naturtalent«. Meine Klienten fragen, ob dieser oder jener ein Naturtalent sei. Das scheint erstrebenswert: guter Eindruck, guter Auftritt und dabei nichts, aber auch gar nichts tun müssen, völlig anstrengungslos.

Die Zwillingsforschung hat uns gezeigt, dass die Gene zu kaum mehr als 20 Prozent für unser Handeln verantwortlich sind. 20 Prozent, das ist in etwa auch die Zahl, die ich mir vorstelle, wenn ich nach Talent gefragt werde. »Können Sie denn aus Dr. X etwas machen, er ist doch so untalentiert?« Dieser Dr. X ist wenig später derselbe, der Finanzanalysten das Berichtsjahr so eindrucksvoll erklärt, dass der Aktienkurs steigt oder wenigstens nicht einbricht. Authentisch oder nicht? Talentiert oder nicht? Wenn der Eindruck gut ist, wissen wir: Darauf kommt es nicht an.

Talent ist Natur. Lernen entfernt uns von der Natur. Erfolgreiche Menschen tun aber genau das. Hinter der Idee »Naturtalent« steht ein Klischee: Menschen, die eben nicht lernen, keinen Rat annehmen oder glauben, keinen annehmen zu müssen. Dieses Etikett legitimiert die Weigerung, an sich zu arbeiten. Wird jemand als Naturtalent bezeichnet, sinkt die Wahrscheinlichkeit, dass er dazulernt. Verleihen Sie einem Menschen das Etikett Naturtalent und augenblicklich sinkt die Chance auf Erfolg.

Unter den sehr erfolgreichen Leistungsträgern findet sich kaum jemand ohne 10 000 Stunden Übung. Bestsellerautor Malcolm Gladwell hat daraus eine Regel gemacht. Mit nichts oder fast nichts, so suggeriert es ja die Mär vom Naturtalent, wird es aber nicht gelingen. Im Spitzenmanagement gibt es diejenigen, die in der Spur bleiben, sicher auch talentiert, aber immer mit erlerntem Handwerk. Hüten Sie sich vor »Naturtalenten«, denn diese werden ihren Aufgaben oft nicht so gut gerecht wie die weniger natur-authentischen. Und seien Sie besser kein Naturtalent.

Wenn sie etwas wirklich gut können, es zum Beispiel 10 000 Stunden praktiziert haben, dann sind Sie so authentisch wie Gott und so wie eine Gliederpuppe. Das muss ich erklären.

5 / Wir sollten uns nicht nur auf unseren Bauch verlassen

Zerstörung eines Klischees

Den authentischen Reflex kann man nicht messen. Das dachte ich, bis ich vor ein paar Jahren bei einer Recherche für eine Rede eines Klienten vor Mitarbeitern auf einen erstaunlichen Umstand stieß. Ich hatte bis dahin steif und fest geglaubt, die Spontane, die Aktiven, Zupackenden tun alles schneller – einschlägige Ratgeber geben ja den Takt vor: Den Mutigen gehört die Welt. Ich las von dem »Cognitive Reflection Test« (CRT), den Shane Frederick entwickelt hatte. Seine Studien besagten: Den höchsten Wert haben Personen, die nicht dem Reflex erliegen, etwas gleich haben zu wollen, sofort festzuhalten, schnell zu reagieren. Den besten Wert haben die, die weiter denken, auf das Ende, langfristig. Den höchsten CRT-Wert haben eher die Erfolgreicheren, die nicht so sehr aus dem Bauch heraus handeln.

Der Psychologe Daniel Kahneman bekam den Wirtschaftsnobelpreis für Studien zu den Arten unseres Denkens. Im ersten Teil des Buches beschreibt Kahneman die zwei verschiedenen Arten und Weisen, in denen das Gehirn denkt: System 1 ist schnell, automatisch, immer aktiv, emotional, stereotypisierend, unbewusst. System 2 ist langsam, anstrengend, selten aktiv, logisch, berechnend, bewusst. Beide Systeme neigen dann zu Fehlern, wenn sie in der falschen Situation verwendet werden. Wir sollten vor allem dem System 1 nicht vollständig vertrauen. Es wiegt uns in Sicherheit, gerade auch, wenn wir handeln müssten, wenn wir kritisch sein müssten, wenn wir nachrechen sollten.

Im System 1 hat das Spontane seinen Sitz. Es ist das extrapyramidale System. Es ist leicht, es spart Zeit, es strengt nicht an, und, das ist das trügerische: Es liefert uns beständig Antworten. Der erste Eindruck, das Buchgefühl, die spontane Entscheidung, all das kommt aus diesem System. Und dieses System der spontan einleuchtenden Sekunde führt manchmal zu jenen Fehlern – die wir in der berühmten ruhigen Minute bereuen.

Alessandro Ferrara kam nach Untersuchungen in den 80er-Jahren in einer soziologischen Studie zu demselben Schluss: Wir brauchen die Distanz zu uns selbst, um etwas herzustellen, das auch als authentisch empfunden wird. Seine Definition ist einfach und klar: Authentisch sein bedeutet, sich selbst in der Welt positioniert haben, eine Art Selbst-Kongruenz aus innerem Wesen und äußerer Reflexion. In jedem Fall geht es nicht nur um uns selbst, sondern die Balance mit der Umgebung.

Auch mein Doktorvater Hellmut Geissner hatte, um »überreden« und »überzeugen« unterscheiden zu können, nach etwas gesucht, was den Unterschied auf den Punkt bringt. Er sagte: Handeln im Reflex finden wir vor, wo wir überredet werden oder wo unser Bauchgefühl uns selbst überredet. Handeln im Reflex ist gar kein Handeln; es ist bloßes Verhalten. Hier liegt einer der Gründe, warum Verhaltensforschung an Tieren durchgeführt wird. Sie agieren ohne Reflexion. Die sind, verzeihen Sie, vollkommen authentisch.

Und wir? Wir fallen regelmäßig rein, entweder, weil wir dem Inneren und scheinbar Echten den Vorzug geben, und das Äußere, das Reflektieren außen vor lassen. Noch einmal zu den Forschungen von Shane Frederick: Den geringsten CRT-Wert haben Menschen, die »kürzer« denken, sich dem Reflex überlassen. Etwas vom Gefühl her anzugehen ist scheinbar leichter, Denken ist anstrengender. Aber nicht nur das. Es scheint uns echter, authentischer, es kommt ja aus uns heraus. Dieser Schein ist gefährlich und kann teuer werden. Vom Bauchgefühl her ist eine bestimmte Bank-Aktie besser. Sie kaufen sie, denn sie erscheint – aus dem Bauch heraus – als eine sichere Bank. Ihr Kurs wird noch tiefer fallen als der vieler anderer Banken. Wenn es um Wichtiges geht, vertrauen Sie gerne dem System 1, hören Sie gern auf den Bauch. Wenn Sie jedoch innehalten, überlegen, auf System 2 »umschalten«, sieht das Ergebnis oftmals ganz anders aus.

Einen Rat habe ich noch. Wir fragen uns gelegentlich: Bin ich das jetzt wirklich oder nicht? Wir glauben, uns auf die Schliche kommen zu können, indem wir analysieren: Was ist echt, was ist nicht echt? Das Eltern-Ich sagt dies, das Innen-Ich sagt etwas anderes, es gibt eine klare Trennung. Ein Erfolgs-Ich und ein authentisches Ich gegenüberzustellen ist eine analytische Leistung. Aber Sie erreichen damit nichts. Ziel eines Eindrucks muss es ja gerade sein, beides in einem Gesamteindruck zusammenzubringen. Trennen Sie deshalb nicht im Kopf innen und außen, Authentisches und Rolle. Man darf sich nicht vergegenwärtigen wollen, was echt ist und was Film. Wenn Sie da stehen, wenn Sie Eindruck machen, müssen Sie eins sein.

6 / Es kommt nicht nur zu sieben Prozent auf den Inhalt an

Kritik eines Virus

Jede Zeitung schreibt es, jeder Rhetorikratgeber schreibt es: »Zu sieben Prozent kommt es auf den Inhalt an.« Fragen wir uns: Kommt es in wichtigen Reden und Antworten nur zu sieben Prozent auf den Inhalt an?

Lassen Sie uns die Quellen studieren. Ich habe zusammen mit einem Kollegen das Klischee in der *Zeitschrift für Rhetorik* entlarvt. Aber die *Zeitschrift für Rhetorik* ist nicht weit verbreitet und auch das Lesen von Büchern über Rhetorik ist nicht weit verbreitet, nicht einmal unter Rhetoriktrainern. Wir hatten also recherchiert, wo die Quelle für diesen Mythos liegt. Es waren ein paar kleine Untersuchungen mit StudentInnen, die Anzahl der Versuchspersonen war sehr gering und das Geschlechterverhältnis war nicht ausgeglichen. Die Ergebnisse sind wissenschaftlich nicht signifikant, nicht allgemein gültig. Aber sie faszinieren uns seit Jahrzehnten.

Albert Mehrabian und sein Team untersuchten, wie sehr wir uns von Mimik und Stimmklang beeinflussen lassen, vor allem dann, wenn diese vom eigentlich Gemeinten abweichen. Er wollte für sein Buch über »Taktiken sozialer Beeinflussung« herausfinden, wie wir andere beeinflussen können. Vereinfacht gesagt kam heraus: Wenn Sie als stimmig wahrgenommen werden wollen, sollten sie stimmig sprechen und auftreten.

Dahinter liegen die beiden so oft fehlinterpretierten Studien. Studie eins: Die Forscher erkannten, dass der Ton, in dem ein Wort gesagt wird, die Emotionen mehr beeinflusst als das Wort selbst. Negative Wörter wurden positiv ausgesprochen – und schon wirkten sie positiver. Die zweite Studie sollte herausfinden, was bei einer Differenz geschieht, ob gesprochene Wörter oder der Gesichtsausdruck korrekt gedeutet werden. Das Ergebnis: Die Mimik war am Ende entscheidend.

Bei beiden Experimenten ging es nicht um die generelle Bedeutung von Anteilen unseres Auftritts. Es ging nur darum, dass alles zusammenpassen und keineswegs in verschiedene Richtungen laufen sollte. Eine allgemeingültige Regel der Rhetorik ist das gerade nicht. Es kommt allenfalls heraus, dass wir drei Kanäle bedienen. Und dass Mimik entscheidend ist. Stimmt sie nicht mit dem Inhalt überein, gibt es Probleme. Wenn wir uns nicht sicher sind, wie etwas gemeint sein könnte, achten wir auf anderes wie Stimme oder Mimik; das klärt auf. Was kommt nicht heraus? Dass es immer zu 7 Prozent auf den Inhalt ankommt, 38 Prozent auf den Stimmklang und 55 Prozent auf unsere Mimik. Lassen Sie uns darüber nachdenken, ob das sein kann: Nein, allenfalls für kleine Tischreden mag es zutreffen.

Warum wird das Klischee von den sieben Prozent Inhalt dann so oft benutzt? Die Antwort ist einfach: Dahinter stehen Interessen. Wer behaupten kann, es komme ohnehin kaum auf den Inhalt an, muss sich mit ihm nicht beschäftigen. Der Mythos von den sieben Prozent Inhalt stützt eine ganze »Industrie« von Beratern, die zu den sieben Prozent nichts sagen wollen oder die für die Handhabung des Contents keine Methoden anbieten können. Eine Schauspielausbildung vermittelt keine Argumentationslehre, keine

Sprechtechnik hat eine Antwort auf die Frage, mit welchem Inhalt sie heraus kommen, mit welchem nicht. Schließlich gibt Körpersprache keine Antwort auf die Frage aller Fragen: In welchem Film spiele ich mit?

7 / Die Nichtauthentischen gewinnen

Lob des Künstlichen

Es darf einfach nicht sein, dass wir Managern oder Politikern das Unechte als Normalmodus so einfach durchgehen lassen. Stefan Raabs Sendung »Absolute Mehrheit« zum Beispiel trat mit einem hohen Anspruch an: die Wirkung von Politiker-Statements auf das Publikum messen und sichtbar machen. Eine großartige Idee: Rhetorik mit unmittelbaren Folgen. Bekommen wir endlich den authentischen Politiker, den echten, dem das Publikum nichts durchgehen lässt?

Pustekuchen! Das Gegenteil trat ein: Alle, die in die Sendungen gingen, wollten besonders gut vorbereitet sein. Sie wollten besonders gut wirken, sie wollten besonders gut punkten. Und das Publikum würde besonders gut beteiligt sein. Darin unterschied sich dieses Konzept nicht von anderen Talks, von Auftritten vor hundert oder tausend Jahren. Und es gibt einen klaren Zusammenhang: Gut Vorbereites wirkt besser. Mit anderen Worten: Die Akteure waren eher nicht authentisch. Sie wollten authentisch scheinen. Ich habe mit einem der Akteure die erste Sendung vorbereitet. Wir befanden uns im selben Zwiespalt wie Elvis Presley, der im Elvis-Presley-Lookalike-Contest den vierten Platz erreicht hatte. Ein Rätsel, oder eine deprimierende Einsicht?

Jeder Starkult funktioniert so. Wir fühlen uns hingezogen, aber wir fühlen uns nicht hingezogen zu dem authentischen Menschen, der genau wie wir fehlbar ist. Wir schauen auf zu der Inszenierung. Lange Zeit schaute die Welt zu Boris Becker auf, aber genau genommen nicht zu dem Tennisspieler, sondern zu der Marke Boris Becker. Später nahm die ganze Welt Teil an seinem Absturz. Das Problematische war sicher nicht, dass ein Mensch übergewichtig oder peinlich wurde, sondern dass eine Marke zerstört wurde, von ihrem eigenen Besitzer oder besser: Darsteller.

Oder nehmen wir ein Beispiel, das gar nichts Authentisches mehr hat, es nie hatte. Schauen wir uns Dr. Best an, ein Mann, dessen Zahnpasta-Marke auch ohne ihn jahrzehntelang glänzend funktioniert hat. Es gab ihn wirklich, er war Assistant Professor an der Universität von Loyola, Chicago. Als Earl James Best 2002 starb, habe ich an einer Kommunikationsschlacht inklusive Gerichtsverfahren mitgewirkt. Sein Tod war die Chance für die Konkurrenten des Zahnpasta-Herstellers, ihn ein für alle Mal vom Bildschirm zu verbannen. Das Gericht beschäftigte sich mit *dem* Thema dieses Buches: Sieht das Publikum den authentischen Dr. Best oder ein Kunstprodukt? Wenn es der authentische Dr. Best ist, darf er nach seinem Tod nichts mehr im Fernsehen anpreisen. Wenn wir allerdings nur die Marke sehen, dann kann der Hersteller mit Dr.-Best-Werbefilmen unbegrenzt weitermachen. Am Ende konnte der Hersteller überzeugen: Es ging niemals um den Menschen und es ist für die Marke unerheblich, ob er noch lebt. Es war ein schöner Zufall, dass der Werbe-Dr.-Best ein wirklicher Dr. Best war. Dass er tot war, schmälerte keinesfalls seine Werbewirkung. Menschen kaufen nicht ein Produkt mit einer Inszenierung, sondern eine Inszenierung mit einem Produkt – manchmal auch ganz ohne das Produkt.

8 / Es ist egal, ob es authentisch ist

Quality prior Authenticity

Carlotta liebt Pinsel von MAC. Ein Set würde weit über 100 Euro kosten, das ist für meine 13-jährige Tochter – die Story spielte vor ein paar Jahren – kaum bezahlbar. Sie sieht auf einer chinesischen E-Commerce-Website eine Packung für wenig Geld und bittet mich, sie sofort zu bestellen. Ich habe großen Respekt vor asiatischer Handwerkskunst, also kein Problem. Aber dann sagt Carlotta: Da hat man ja gar keine Freude dran, wenn es so billig ist. Sie meint nicht: wenn es nicht von der echten Marke ist. Sie meint nicht: wenn es am Ende ein Fake ist. Sie meint: wenn es nichts taugt.

Das sagt sie auch über Echtes und Teures. Hinter Carlottas Satz – 13-Jährige sind so schonungslos offen, dass man erschrecken kann – steht eine Einsicht: Es spielt oft keine Rolle, ob etwas authentisch ist oder nicht. Die nichtauthentischen Gegenstände dürfen inzwischen auch teuer sein, manchmal fast so wie das Original. Es zählt handwerkliche Qualität. Sie können Websites aufschlagen, auf der kopierte Uhren 500 Euro kosten. Mein Nachbau einer »Kampfschwimmer«-Radiomir von 1945 ist vielleicht handwerklich so gut, wie das Original nie war. Sie trägt auf der Rückseite eine Gravur in einer Qualität, die das Original nicht bieten konnte. Man kann sie leicht auf einen Status heben lassen, der sie professionell abgewetzt macht, dann wäre sie etwa 1000 Euro wert. »Was im Zeitalter der technischen Reproduzierbarkeit des Kunstwerkes verkümmert, das ist seine Aura.« Genau die stellen die Fake-Künstler aber her! Nach Meister Walter Benjamin sind auch sie es, die Echtheit schaffen: Weil sie Aura schaffen.

Wenn Sie es ganz richtig machen, es ist grenzwertig, kombinieren Sie das Halbechte mit dem Authentischen. Ich trage heute: eine Samthose von Zara, 14 Euro 99 – ein Hemd aus einem Londoner Second-Hand-Laden, Turnbull & Asser, feinste ägyptische Baumwolle, 29 Pfund im Sale, und für 10 Euro einen wunderbaren italienischen Ledergürtel aus der B-Ebene der Frankfurter Hauptwache, die man eher nicht ohne Personenschutz betreten sollte. Nur die Schuhe sind etwas teurer, 489 Euro, von Louis Vuitton, Schuhe müssen gut sein. Qualität vor Authentizität. Ich kaufe sie nur wegen der Qualität, nicht wegen der Marke, ich weiß, wo Schuhe von Louis Vuitton hergestellt werden, nicht bei Louis Vuitton. So gesehen scheint das Authentische als Wert ohne Wert.

Andy Warhol wurde seit Anfang der 60er-Jahre zu Vorträgen eingeladen. Er wollte gern, hatte aber wenig Zeit und wohl auch nicht immer Lust auf Colleges in der Provinz. Aber er wollte sich weder Publizität noch Honorar entgehen lassen. Also bat er einen befreundeten Schauspieler, Allen Midgette, ihn an verschiedenen Colleges und Universitäten zu vertreten. Man stattete das Double mit Utensilien aus, mit der richtige Brille. Er hatte dunkle Haut, er musste also im Teint verändert werden, mit silbrigem Spray auf dem Haar, und los ging es. Bühne und Katheder waren in den Sechzigern noch weit von den Hörern entfernt, man erkannte kein Detail. Der Schauspieler verstand nichts von Kunst, aber er hatte gelernt, dass seine Antworten, kurz, kryptisch-unverständlich, geheimnisvoll sein sollten, typische Andy-Warhol-Antworten eben. Nach einigen dieser Darbietungen flog der Schwindel auf, und es wurde das Honorar zurück gezahlt, das Midgette immer für sie beide nach dem Vortrag eingestrichen hatte. Andy Warhol zahlte aber auch auf eine andere Art zurück. Er verteidigte später diese Praxis als legitime Öffentlichkeitsarbeit – Vorträge machen die Botschaft bekannt. Raten Sie mal, mit welchem Argument: Es ist egal, ob es authentisch ist.

Zwei italienische Schneider entwerfen ein T-Shirt. Das geschieht in Italien jeden Tag. Das ist nichts Besonderes. Aber sie entwerfen es eigens für Madonna. Das ist schon etwas. Auf dem Shirt sind in einer Glamour-Schrift nur zwei Wörter zu lesen: »Britney Spears«. Madonna trägt ein – echtes – D&G-Shirt mit der Aufschrift »Britney Spears«. Das Shirt ist von einer gewissen Qualität, die man angesichts des aufgerufenen Preises voraussetzen darf. Das Shirt ist authentisch und nicht authentisch zugleich. Stefano Gabbana und Domenico Dolce hatten umgesetzt, was fast wie ein Naturgesetz ist: Es kommt nicht darauf an, dass es authentisch ist. Es kommt nicht einmal drauf an, ob es passt. Es kommt auf Qualität an – und darauf, ob es originell ist. Und da sind wir wieder bei Ihnen. W. z. b. w.

WIE MAN EINEN AUTHENTISCHEN EINDRUCK HINBEKOMMT

Wenn ich Ihnen versprechen würde, Sie in einen authentischen Zustand zu führen, oder wenn Ihnen jemand helfen könnte, bei jedem Auftritt, in jeder Situation authentisch zu sein, würden Sie dieses Angebot natürlich annehmen.

Würden Sie das wirklich? Sie sollten es nicht. Bisher haben wir gesehen, dass die volle Authentizität I gar nicht möglich ist - und schon gar nicht erstrebenswert -, falls Sie einen Blumentopf gewinnen wollen. Es wäre klüger, Methoden und Taktiken zu erlernen, mit denen Sie einen authentischen *Eindruck* machen können. Wenn Ihnen das jemand überzeugend verspricht, dann greifen Sie zu.

9 / Misstrauen Sie dem selbst Erlebten

Abstand schafft Klarheit

Wenn Sie ein Kind erwarten, sehen Sie es, wie heute fast alle Paare, im Ultraschall. Stellen Sie sich vor, eine Ihrer Tanten berichtet: »Ich habe ein Ungeborenes im Fernsehen gesehen!« Sie erklären ihr, Sie hätten Ihres ja gerade beim Arzt gesehen. Darauf erwidert sie: »Aber da im Fernsehen sieht man es ja richtig!« Was für ein Blödsinn von Ihrer fernsehsüchtigen Tante! Was Sie »mit eigenen Augen gesehen« haben, scheint Ihnen natürlich authentischer und damit wahrer.

Authentisch schon, aber wahrer nicht. So ganz Unrecht hat die Tante vielleicht nicht. Ein paar Tage später sehen Sie zufällig diesen TV-Beitrag, wo neueste Techniken vorgestellt werden, über die noch kein praktizierender Arzt verfügt, dazu professionelle Grafiken, die das Geschehen im Mutterleib zeigen. Gerade das hätten Sie nicht sehen können und Sie hätten einige Zusammenhänge nicht verstehen können.

Diese Zusammenhänge sieht kein »erster Blick«, dazu ist professionelle Darstellung gut. Nur so können wir wirklich verstehen. Unser gängiges Klischee dagegen heißt: Das »selbst Erlebte« ist authentisch, es kommt ja aus uns heraus. Das kann besser sein, muss es aber nicht. Oft ist es schon deshalb einfach unrichtig, weil unser Blickwinkel verengt ist. Aus uns heraus blicken bringt weniger Erkenntnis als auf etwas draufblicken. Erkennen Sie an, dass etwas, was ganz authentisch selbst erlebt ist, keine Gewähr für zutreffende Erkenntnis bietet.

10 / Was Ihnen nahegeht, wird Murks

Abstand stützt Qualität

Das Authentische bereitet auch Probleme, wenn es sich auf Materielles erstreckt. Die höchste Stufe des Authentischen, quasi wirklich authentisch, ist nur das selbst Hergestellte – nah an einem dran, mit allen Fehlern, auf jeden Fall nicht so professionell wie das Gekaufte. Wir haben es oft mit viel Liebe gebastelt.

An einem Rede-Stichwortkonzept saß ich mit einem Klienten in einem Münchner Hotel, es wurde weit nach Mitternacht, bis wir fertig waren. Wir konnten es nicht mehr proben, waren dafür aber ganz sicher, dass dies eine tolle Rede sei. (Fast wollte ich die Rede-Datei aufbewahren. Man muss übrigens als Berater alle Klienten-Papiere vernichten, sie gehören den Klienten, anderenfalls bringt es Unglück.) Mit dieser Rede war ich also besonders zufrieden. Doch es stellte sich heraus: Das Konzept war nicht besser als alle anderen. Die Rede ging am nächsten Tag noch einmal gut; der Redner hat während der Aktion kompensiert, er ist richtig gut. Sollte ich den Auftritt als gut in Erinnerung behalten? Dass wir viel Mühe investiert hatten, bedeutete gar nichts. Es gab Besseres.

So etwas kennen Sie auch: Ich habe mich in ein Auto verliebt und es gekauft. Dieses Auto, ich nenne ihn meinen Winter-Jaguar, war ein XJ Executive aus dem 2006 und nicht einmal wirklich alt, aber der Winter-Jaguar war ein Sorgenkind. Ich bin mit ihm in mehre Werkstätten gefahren, habe viele Diagnosen eingeholt, immer mehr Geld hineingesteckt.

Ich sollte nicht annehmen, dass er viel wert ist. Rolf Dobelli hat dieses Phänomen wunderbar dargestellt: Es ist die trügerische Aufwandsbegründung. Sie handelt von selbst gebauten Möbeln, selbst gestrickten Pullovern, selbst angebrachten Jalousien. Diese Gegenstände werden magisch, ihre einzigartige Authentizität bläst diese Gegenstände zum Kult auf.

Ich habe etwa drei Doktorarbeiten angefangen und nur die letzte eingereicht. Das Thema der ersten kam »von Herzen«. Ich erinnere mich nur deshalb daran, weil es ein besonders schreckliches Elaborat war. Das zweite Thema habe ich vergessen. Erst das dritte führte zu etwas, aber das Thema hat mich schon nicht mehr interessiert, als ich schrieb. Das scheint es sogar bei großer Literatur zu geben. Der Dichter Gottfried Benn schrieb: Der Stoff muss kalt gehalten werden. Professionalität und authentische Direktheit vertragen sich eher nicht. Auch Sie haben sicher so manches Mal lange an einem Projekt gefeilt, Sie haben wochen- oder gar monatelang an etwas Großes geglaubt. Es kam gerade aus Ihnen heraus, von innen. Doch: Authentische Bastelarbeiten sind peinlich, erzählen Sie niemandem davon und vergessen Sie das Ergebnis.

11 / Seien Sie niemals spontan, wenn es um Wichtiges geht

Selbstüberrumpelung

»Es war ein Spontankauf«, sagt eine Frau neben Ihnen, irgendwo an einer Haltestelle oder Kreuzung, und sie schaut leicht schräg von unten herauf zu ihrer Gesprächspartnerin. Sie wissen nicht, um welchen Gegenstand es geht, aber Sie wissen, dass er entweder wertlos ist oder ihr nicht steht oder beides. Sie weiß, dass es falsch war, das Zeug zu kaufen. Daran gibt es nichts zu deuteln und sie hat nur die eine Chance: den Kauf mit etwas sozial Sanktioniertem zu sanktionieren – und das ist authentische Spontaneität. Sie gibt uns den Segen, Unvernünftiges zu tun oder zu rechtfertigen. Es kommt ganz tief aus uns heraus. Das Authentisch-Spontane heiligt die Mittel.

Jede x-beliebige Studie sagt das. Unter dem Motto »Men buy, women shop« hat der Bundesverband des Deutschen Versandhandels 1000 Frauen und 200 Männer in Deutschland befragen lassen. Es ging um Online-Kaufentscheidungen. Zu den »entscheidenden Erfolgskriterien«, um Frauen in Onlineshops vom Kauf zu überzeugen, gehört die Kurzschließung der Kritikfähigkeit. Über immer schnellere Kaufentscheidungen wird frohlockt. Das Authentisch-Spontane ist gefährlich. Es mangelt an kritischem Verstand.

Seien Sie spontan! Das hören Sie ständig, aber Sie sollten daran zweifeln, dass dies ein guter Rat ist. Wie viele spontane Dinge haben Sie getan, von denen Sie wissen, dass sie besser ungetan geblieben wären? Wie viele Spontis haben größten Schaden angerichtet? Wie viele von ihnen haben erst dann etwas auf die Beine gestellt, als sie gar nicht mehr spontan waren? Das Spontane als Rechtfertigung sollte ausgedient haben. Vernünftiges Handeln ist selten wirklich spontan. Mit dem Spontanen kommen Sie nicht weit.

In der Frankfurter Börse gibt es eine Art Kabuff, in dem Manager und Experten von TV-Sendern interviewt werden. Ich habe bisher in sieben oder acht Börsengängen Vorstände auf Auftritte vorbereitet, immerhin für die entscheidenden Sätze zur Börseneinführung. Es geht bei solchen Auftritten immer um sehr viel Geld. Derart wichtige Antworten verlangen nach einer Linie, nach einem Plan für die wichtigsten Themen: Verwendung des Geldes, Marktchancen, Aktionärsstruktur. Alle sind angespannt: Was wird der Moderator fragen, bekomme ich unter, was ich sagen will? Plötzlich sagt der Producer oder der Techniker: Der soll doch keine Notizen mitnehmen, der redet doch besser spontan.

Ich weise als Anwalt meiner Klienten darauf hin, dass das nicht fair ist: Die Moderatorin liest ihre Fragen vom Teleprompter ab und der Antwortende soll unvorbereitet kommen, spontan, am besten gleich nackt. Wer solchen Ratschlägen folgt, ist verloren. Das Gegenteil ist wahr. Ein Mensch, der einen Plan hat, ist wesentlich aktiver, dem Anschein nach spontaner, als einer, der versucht, unter Druck öffentlich eine Frage zu beantworten. Ganz besonders sollten Sie denen misstrauen, die – ganz lieb gemeint – sagen: »Das machen Sie doch, da kennen Sie sich aus, da wissen Sie schon, was Sie sagen wollen.« Eine rote Lampe sollte angehen.

12 / Seien Sie eher katholisch als evangelisch

Cinnabarit Performance

Für meine Executive Coachings steht wenig Zeit zur Verfügung; Ich muss deshalb die Klienten sehr schnell einschätzen können, Ziele, Probleme, deren Ursachen, zuallererst aber Mentalitäten. Schon nach kurzer Zeit kann ich oft mit guter Wahrscheinlichkeit vermuten, ob mein Klient katholisch oder evangelisch erzogen ist. Die grundsätzliche Einstellung zu Performance verrät es. Das Evangelische ist sachlich. »Die Sünde ist bunt – das Heil ein karges Wort« – »Du sollst Dir kein Bild machen«: Das Wort soll im Evangelischen nur ausgesprochen werden, fast ohne Ausdruck.

Zum wiederholten Mal in diesem Buch begegnen wir dem Phänomen Deadpan. Es wirkt für sich, ganz ohne Zutun der Sinne. Das Evangelium braucht keine äußere Form und ist sich selbst genug, ganz authentisch. Das Wort genügt, schöne Aufmachung ist nicht gewünscht.

Evangelisch erzogene Menschen sind oft Wort-Menschen. Sie sprechen Sachverhalte aus; das Wort ist ihnen genug. Sie drücken vieles nichtpersönlich aus, sie sind oft deskriptiv und passiv. Evangelische Menschen sind insofern authentischer, sie geben ihrem Selbst wenig Performance hinzu. Deshalb brauche ich mit eher evangelischen Menschen oft etwas länger bis zum Erfolg.

Wenn eher evangelische Menschen durch Auftritte etwas erreichen können, müssen sie lernen, dass das Wort nicht genügt. Sie müssen etwas dazutun. Um es in einer Farbe auszudrücken: Es geht um Zinnober, noch besser um Purpur.

Das Katholische dagegen hat sein Brimborium. Das Sakrale ist immer inszeniert. Reliquien, Hostien, das alles sind Vehikel des Anti-Authentischen. Die romanisch-südländische Art ist eher katholisch. Abgehobenes, das durch Sterbliche nicht zu erreichen ist, gibt die Gewähr für höchste Attraktion, die Berührung des Gewandes bei der Audienz, der Dämmerschein katholischer Barockkirchen, ihre Gerüche, Klänge und Gesänge.

Das Katholische schäumt traditionell viel mehr auf. Es braucht Aktion – Weihrauch schwenken, Performance und manchmal sogar Glamour. Insofern gehört Glamour, oder sagen wir: Protz, zum Wesen des Katholischen. Alle Kathedralen waren Protz, Gott sei Dank, sonst könnten wir uns heute nicht an ihnen erfreuen. Hätte es demokratische Kommissionen gegeben, die Bauten überwachten, gäbe es keinen einzigen der prächtigen Dome. Die Menschen früherer Zeiten machte es stolz, mit etwas verbunden zu sein, das fast bis zum Himmel ragt und reich verziert ist und das ganz selbstverständlich auch teuer war. Einen Bischof, der einen teuren Amtssitz baut, einen »Protzbischof« zu nennen, wäre früheren Generationen nicht eingefallen. Das Wort »Protzbischof« ist ein Pleonasmus: Der Protz gehört zum Bischof dazu, er steht in seinem Arbeitsvertrag. Und die Inszenierung gehört zur Wahrheit dazu, wie immer im Katholizismus.

Authentische Regungen kommen in der Zeremonie nicht vor. Der katholische Geistliche ist ja nicht gleichzeitig Bürger, dem evangelischen wird das zugestanden. Der katholische Priester ist auch Zeremonienmeister. Zum Katholischen gehört die Rolle. Der Katholik ist weniger authentisch und deshalb in der Performance, wenn es drauf ankommt, attraktiver. Tun Sie zum sachlichen Wort etwas dazu. Seien Sie katholisch!

13 / Werfen Sie Ihr Päckchen ab

Delegate-to-Role

Wir suchen sichere Geborgenheit. Die Angst, etwas anderes zu tun, als wir es aus uns heraus tun, ist groß, verständlicherweise. Jede Bewegung aus dem Authentischen heraus bedeutet Gefahr. Unsere Sicherungsmechanismen blockieren deshalb bei Ungewohntem. Dabei sind die größten Ängste mit gar nicht lebensgefährlichen Bedrohungen verbunden. Es scheint also auf den ersten Blick merkwürdig, auf den zweiten vollkommen einsichtig, dass Auftritte zu den größten Gefahren schlechthin gehören. Eine US-

Studie identifizierte Redeangst als die größte Angst der Menschen. Hier die Liste dessen, was Menschen am meisten fürchten – Menschen in Nordkorea oder Gambia wurden, wieder einmal, nicht gefragt:

- 41 Prozent öffentlich reden
- 32 Prozent Höhe
- 22 Prozent Ungeziefer
- 22 Prozent Geldsorgen
- 22 Prozent tiefes Wasser
- 19 Prozent Krankheit, Tod
- 18 Prozent Fliegen
- 14 Prozent Einsamkeit
- 8 Prozent Dunkelheit
- 5 Prozent Rolltreppen

Die Angst vor dem Auftritt ist stärker als die Angst vor dem Tod! Das ist vermutlich deshalb so, weil wir authentisch uns selbst in den Auftritt mitbringen. Jeder hat sein Päckchen zu tragen, wir nehmen uns überall hin mit, Ängste, Verletzungen, schreckliche Erfahrungen mit Blackouts, die leidigen Vergleiche, nach denen dieser oder jener es besser machen würde. Wir fühlen uns beobachtet, von den Eltern und von weiß Gott wem. Genau dieses Päckchen macht uns im Moment des Auftritts authentisch – und oft erfolglos, auf jeden Fall schutzlos. Werfen Sie das alles ab, wenn Sie einen wichtigen Auftritt haben!

Wir haben vor allem deshalb Angst vor dem Auftritt, weil wir fürchten, dass man uns sieht, wie wir sind – habituell oder situativ. Ein Rest dieser Angst begleitet uns ein Leben lang, aber sie kann fast verschwinden. Die Angst bleibt nur so lange, bis wir die Erfahrung machen, dass ein nicht authentischer, aber professioneller Auftritt – der authentisch scheint – nicht mit all diesen Problemen beladen ist. Man sieht uns dann nicht, wie wir sind, nicht authentisch, nicht nackt. Am Ende ist es so: Nicht Sie sprechen, sondern eben auch die Rolle spricht.

14 / Spielen Sie jemanden, der einen Auftritt hat

Nicht ich, nein!

Es war einer meiner Klienten mit diesem typischen Lebenslauf. Er war in der Schule sehr gut und ebenso sehr unscheinbar. Mit Fakten und Zahlen ging es sehr gut, ohne sie ging alles sehr schlecht. Das ist genau die Mischung, die einen Karrierestart als Berater nahelegte. Immer, wenn er auftreten und etwas sagen musste, holte ihn seine Authentizität ein: Er wollte nicht öffentlich auftreten und eher unbeobachtet nach Wahrheit suchen – Berater stellen ja Studien her. Ich lernte ihn kennen, als er Strategievorstand eines DAX-Unternehmens werden wollte. Etwas hat ihn aufgerüttelt. Das Schlüsselerlebnis war ein Satz eines Aufsichtsrates: »Jede Strategie ist sinnlos, wenn Sie sie nicht vermitteln werden!«

Wir wandten einen Trick an: Er wirft sein Päckchen ab. Dahinter steht eine mutige These: Er war für einige Minuten nicht jemand, der eine Rede hält, sondern jemand, der jemanden spielt, der eine Rede hält. Das hatte den Vorteil, dass er nicht sein ganzes Päckchen und sein Handicap mitnehmen musste. Wir haben das vier mal praktiziert. Das ist wenig – und viel angesichts des Zeitbudgets. Er ist heute einer der prominentesten Spitzenmanager Europas. Sie sehen seinen Namen in allerlei Rankings in den vergangenen Jahren zwischen Platz 3 und Platz 7.

Distanz wirkt Wunder. Auch Sie sollten nicht in jeden Auftritt Ihr ganzes Leben mitnehmen. Dadurch wird es leichter und an diesem Punkt werden Sie erst richtig gut: Darf ich es noch einmal sagen? Nicht die Authentischen gewinnen, sondern oft eben die, die Authentisches darstellen. Nutzen Sie meine methodische Taktik. Sie sind nicht jemand, der eine Rede hält, sondern Sie sind jemand, der jemanden spielt, der eine Rede hält.

15 / Überwinden Sie Blackouts

Ignoranz I

Eines der »authentischsten« Phänomene ist der Blackout. Schwarzblende und aus. Wir geraten so richtig aus der Spur. Das kann jedem passieren, es ist ganz authentisch. Es soll aber nicht zu sehen sein. Man kann einen Blackout zum Thema machen, aber Sie sollten es nur dann, wenn es nicht anders geht. Erst wenn er mehrfach vorkommt, wird er zum Problem.

Blackouts zu vermeiden ist eine Sache der Vorbereitung. Der Plan ist entscheidend. Jeder weiß: Blackouts stellen sich ein, wenn man auswendig lernt, man verliert den Faden. Zu viel authentisch-spontanes Sprechen kann aber auch zu Blackouts führen! Und schlimmer: Wenn es doch passiert, gibt es drei Möglichkeiten:

1. Wenden Sie sich dem Plan zu – und ignorieren Sie das Loch.
2. Rekapitulieren Sie den letzten Gedanken und gehen dann zum nächsten Punkt über.
3. Nehmen Sie die Stichworte wieder auf.
4. Ändern Sie die Körperhaltung.

16 / Spielen Sie nicht gegen die Regie

Contre Accord

Eine ganz junge Schauspielerin war der Problemfall des Theater-Ensembles. Sie war extrem talentiert und hin und wieder mit wirklichen Glanzleistungen zu sehen. Aber irgendetwas stimmte nicht. Zu oft spielte sie wie mit angezogener Handbremse, nicht so wie Schauspieler, die manchmal einen Leistungsabfall auf der Bühne haben, sondern immer, auch vormittags beim Probieren – so heißt die tägliche Probe. Zwei Spielzeiten lang war ich Sprech- und Stimmcoach bei diesem Ensemble. Ich verstand das alles damals nicht, in unserem Coaching war sie perfekt. Stimme: kein Problem, Spreche: kein Problem. Es war ein wunderbares Arbeiten mit ihr. Aber sie blockierte besonders in den Proben. Es war noch finsterste DDR in ihrem letzten Jahr und Individuelles kam gar nicht gut an. Der Begriff fiel damals nicht, aber heute weiß ich es: Man könnte sagen: Sie wollte authentisch sein.

Dann war sie einige Zeit einfach verschwunden. Sie kam wieder – und plötzlich war alles wie weggeblasen. Jetzt gelang ihr alles mit dem alten und auch den neuen Regisseuren. In diesem neuen Mindset war sie super. Man konnte es mit Händen greifen: Sie passt. Sie spielt. Vorher hatte sie gegen die Regie gespielt. Der Widerstand gegen die Regie hatte ihr Spiel blockiert, erst als sie mit der Regie in Einklang kam, wir könnten sagen, erst als Authentisches und Rolle übereinkamen, gelang alles. Heute ist sie einer der wenigen wirklichen Theater-Stars.

Jede Norm bringt ihre Gegenbewegung mit. Das Spiel aus dem Selbst und dem Opportunistischen will gekonnt sein. Je weniger Sand wir ins Getriebe streuen, desto willkommener sind wir. Die Organisation bestimmt die Regie. Meine Klienten verwirklichen ihre Ideen innerhalb der Organisation, nicht außerhalb. Sie wissen, am langen Hebel sitzt ein Aufsichtsrat, der führt Regie. Die wenigen, die außerhalb ihr Heil suchen, scheitern irgendwann – weil sie gegen die Regie spielen.

Jede Organisation beschränkt Authentizität. Sie sucht sich zu diesem Zweck Regisseure aller Art. Auf die müssen wir Bezug nehmen, ohne geht es nicht. Wer das nicht schafft, wird in seinem Beruf nicht wirklich gut sein – die meisten Berufe brauchen, soweit ich sehe, Organisationen. Wie bei jeder Regiearbeit am Theater kommt es am Ende auf das richtige Verhältnis von Authentischem und Rolle an. Tragen Sie lieber dazu bei, dass weniger Sand im Getriebe ist. Ich erlebe in meiner Arbeit Spitzenmanager, die sagen: Dieses oder jenes sei nicht ihr Ding. Mag sein. Ich schlage dann eine Alternative vor. Spielen Sie nicht gegen die Regie – oder verlassen Sie das Spiel.

17 / Inszenieren Sie das, wofür Sie stehen
Tactical Authenticity

Alles spricht dafür, dass das Authentische erster Ordnung im öffentlichen Leben gar nichts zu suchen hat. Dort pflegen wir eher eine taktische Authentizität. Die brauchen wir auch, wenn wir etwas erreichen wollen. Dieses Phänomen haben die US-Forscher Guba und Lincoln 1989 gezeigt. Und sie haben Belege dafür beigebracht, dass es zu uns gehört. Taktisch authentisch sind wir, wenn wir Ziele verfolgen. Dann streben wir nach Wirkung, dann verhalten wir uns wie beim Schach oder wie auf dem Theater.

Die Konsequenz ist, aus der Authentizität ein Stück herauszugehen. Das heißt Inszenierung. Und hier gilt wie so oft: Manche ist legitim, manche nicht. Ein Beispiel für die von der letzteren Sorte: Jemand täuscht etwas vor. Der Gewerkschafter sagt, dass er mit seinem Tarifpartner eine Verhandlung inszeniert hat, bis gegen ein Uhr nachts. Aber die Journalisten wurden bis morgens, es war fast vier Uhr, festgehalten und in dem Glauben wichtiger Verhandlungen gelassen. »Harte Verhandlungen«, das sollte das Bild sein, es sollte so aussehen, als habe man das Kompromiss-Ergebnis, es ist ja immer zu wenig für die eigene Klientel, nur gegen Widerstand erreicht. In Wirklichkeit habe der Gewerkschaftsführer schon mit dem Innenminister »Wein getrunken«, sagt er der Presse. Das könnte unethisch sein: Aus einer kurzen Verhandlung wurde eine lange, aus einer weichen eine harte. Das war zunächst ein wirkungsvoller Dreh, ein Spin, aber unethisch und mit entsprechend kurzen Beinen. Reden wir ab jetzt von Inszenierungen, die nicht hinters Licht führen, schon gar nicht ohne Not und mit zweifelhafter Wirkung.

Ob ethisch vertretbar oder nicht: In manchen Augen dürfte es gar keine Inszenierung geben. Der allzu Authentische streitet jede Inszenierung ab. Aber auch derjenige, der die Pose des Authentischen einnimmt, bestreitet, dass er inszeniert, immer. Er muss es. Er darf die Inszenierung nicht zum Thema machen; seine Inszenierung würde in sich zusammenfallen. Am Ende gibt es angeblich keinen, der inszeniert. Die allzu Authentischen tun es, die Professionellen wollen nicht, dass es zum Thema wird – außer ein paar Wahlkampfberater, die ihre Inszenierungskünste in den Medien vorführen wollen.

Inszenierung kommt vom Theater. Hier wird etwas »in die Szene gesetzt«, es werden Mittel orchestriert, um Wirkung zu erzeugen. Dafür gibt es immer eine Regie, im Fernsehen etwa die Bild- und Tonmischung. Das Bild ist treffend, denn es entsteht ein Mix: Worte, Kostüme, manchmal Musik, Bewegung, Licht, Symbole, Farben, Gerüche, Bühnenbild, Pult und Tisch, die Art zu stehen. Im Web gibt es inzwischen Inszenierungen als Mischungen aus digitalen Designeffekten und realer aktion. Die Inszenierung gehört zur Botschaft dazu. Sind Sie an Wirkung interessiert, gibt es keine Alternativen zur Inszenierung, denn das Nicht-Inszenierte ist oft auch das Nicht-Wirksame. Inszenierung, und sei sie hauchdünn und dezent, ist für den guten Auftritt existenziell. Wer seine Botschaft nicht inszeniert, der langweilt.

Oder Sie senden die falsche Botschaft. Wir alle sehen, dass vieles an Inszenierungen beliebig wirkt und manches geradezu kontraproduktiv. Mein Klient wurde auf Fotos seiner Bilanz-Pressekonferenz während eines Vortrags aufgenommen. Wir hatten geprobt, ich stand in der Mitte des Zuschauerraumes mit direktem Blick auf die Akteure; es stimmte scheinbar alles. Auf Fotos wurde er aber mit Palmwedeln gezeigt. Der Vorstandsvorsitzende stand vor einer Pflanze und das fiel uns zu spät auf. Die Wirkung war eine andere als die geplante, wir hatten nicht gut genug geplant, was noch schlechter war. Solche Beispiele lassen uns fragen: Ist es dann nicht besser, möglichst viel gleich selbst zu inszenieren? Die Antwort ist: Ja!

Sogar die Authentischsten inszenieren. Ein Beispiel gefällig? Nicht selten wird unter Lebensgefahr an der Inszenierung gebastelt. Als Andreas Baader längst im Untergrund lebte, besuchte er heimlich den Designer des RAF-Logos, um ihn mit Nachdruck um dessen Überarbeitung zu bitten. Man sollte meinen, er hätte Wichtigeres zu tun gehabt: Tarnung, Waffen reinigen, Geld und Munition besorgen. Der Designer lehnte übrigens ab: »In seiner Rustikalität hat das eine Originalität, die würde ich nicht verändern.« Das Logo der RAF sollte möglichst authentisch scheinen. Der Schein des Authentischen ist ein Muss für alle, die auf das Individuelle pochen. Wahre Schönheit kommt von außen, das wussten die.

Manche Gesten sind nicht inszeniert. Dazu zählt die Victory-Geste eines früheren Vorstandssprechers der Deutschen Bank; sie war authentisch! Sie war eine Übersprungshandlung. Jeder, der einmal im Gerichtssaal war, weiß: Man ist verstört, man ist verlegen, man macht einen Witz, vielleicht eine Geste dazu – ganz und gar authentisch.

Inszenierung heißt auswählen. Ein Darsteller betont einzelne Dinge und verschleiert andere. Der Soziologe Erving

Goffman nennt das »misrepresentation«; ein bewusstes Täuschen. Nichts davon ist authentisch, alles unterliegt der Kontrolle (»maintenance of expressive control«). Der Eindruck, den eine Darstellung erweckt, ist ein zartes, zerbrechliches Ding, das durch das kleinste Missgeschick zerstört werden kann: Diese Einsicht ist 2000 Jahre alt. Wie gesagt: Die Kunst soll die Kunst verbergen.

Manche in früheren Zeiten allzu sachliche Pressekonferenz hat heute das Feeling einer Oscar-Verleihung. Doch daran ist nichts Anrüchiges. Sie können sich sogar fragen: Können oder sollten manchmal auch scheinbar alltägliche Situationen inszeniert werden? Ja! Dass ich seit Jahren nichts anderes tue, wird als Argument nicht genügen. Manchmal sollten Sie inszenieren, bis hin zum alltäglichsten Mitarbeitergespräch. Dafür gibt es einen Grund: Auch in Gesprächen oder gerade in der kurzen Distanz ist der Eindruck des Authentischen entscheidend. Wenn ich mit Klienten Gespräche vorbereite, verwenden wir Zeit auf die Vorbereitung. Wiederkehrende Fragen sind dabei: Wo sitzen wir und wo die anderen? Wer fängt an? Wie viele Details bringe ich ein, was ziehe ich an? Was sind die ersten Worte? Mit Respekt vor der Ausnahme: Die erfolgreichsten Gespräche sind die gut inszenierten. Inszenierung ist wichtig, manchmal sogar entscheidend.

Inszenieren Sie Ihre Umgebung. Welche Personen bilden Ihre Entourage? Welche Menschen, welche Tiere sind bei Ihnen? Wer geht vor? Öffnen Sie jemandem die Tür? Helfen Sie jemandem in den Mantel? Geben Sie einen Handkuss? Beziehen Sie Ihre Umgebung ein? All diese Dinge kommen nicht authentisch aus Ihnen, sie müssen geradezu inszeniert sein.

18 / Beherrschen Sie die Bühne

Action statt bloße Idee

Sie sind keine Stimmungskanone. Sie sind in Gesprächen gut, eine gegen einen, im sogenannten kleinen Kreis. Das höre ich fast immer. Aber es ist fast immer für die Aufgabe unerheblich, auf welchem Feld Sie gut sind. Es ist wichtig, wie Sie wirken. Wer auch im Großen wirken will, sollte Bühnenpräsenz erreichen. Dazu beginne ich mit der Einsicht: Wie willst du wirken? In welchem Film bist du? Danach folgt die Arbeit an Themen, von denen ich nur einige nenne: wie hereinkommen, wo stehgefangenen, mit welcher Gestik, mit welchem ersten Blick, mit welchem initialen Wort? Für jede Inszenierung ist das Staging entscheidend: sicher stehen – stehen oder sitzen. Entscheidend am Ende ist das Gefühl, wenn man auf die Bühne geht. Ich bin deshalb möglichst deutlich früher am Ort. Ich tauche bei der Technik-Probe auf, ich gehe auf die Bühne und frage nach dem Setting. Tun Sie das auch.

Jeder noch so kleine Auftritt schafft eine Bühne! Wer auf die Bühne will oder muss, sollte die Regeln kennen. Die erste Regel heißt: Definieren Sie Ihre Bühne. Stand, Gestik, Blick, Licht und Ton. Lenken sie Aufmerksamkeit. Gestalten Sie diese Bühne. Bestimmen Sie das Setting. Ein Beispiel ist die Bestuhlung: Was wie in einem Klassenzimmer aufgestellt ist, unterstützt Distanz. Wo sie nötig ist, sollten Sie eine Klassenzimmer-Anordnung aufbauen lassen. Wo Sie Distanz nicht wollen, muss es anders werden.

Schreiten Sie die Bühne ab, stellen Sie sich die Atmosphäre vor. Messen Sie die Bühne aus. Stellen Sie sich den

Auftritt vor und nehmen Sie Reaktionen des Publikums vorweg. Und kurz vor dem Auftritt sollten Sie sich zurückziehen. Fragen sie nach dem *Green Room* des Veranstalters. Der Begriff bezeichnete einmal einen Raum in einem Theater oder Studio für die Zeit vor oder nach dem Auftritt. Er ist heute nicht mehr grün gestrichen, er ist mehr als ein Warteraum. Er hilft ihnen, sich einzustimmen oder sich äußerlich einzunorden. Aufwärmen, Mimik in Fahrt bringen, Haltung justieren: Sprechen Sie vor jedem Vortrag den Anfang laut. So beherrschen Sie die Bühne.

Jede Bühne hat ein Ziel. Alles hängt davon ab, was Sie zeigen wollen. Und auch hier wieder ein Beispiel: die Inszenierungen auf Hauptversammlungen. Die größte Bühnenbild-Nähe zwischen den Vorständen und den Aktionären besteht zum Beispiel, wenn die Vorstände an einfachen Tischen sitzen oder, noch besser, stehen. In Deutschland hat meines Erachtens die Deutsche Telekom AG das am besten inszenierte Event. Weltweit das flotteste Beispiel ist Google Inc., dort sitzen die Manager auf Barhockern im *Annual Meeting*. Ich nutze das in Auftrittsvorbereitungen. Bei einer Mitarbeiterkonferenz haben sich die Vorstände für die Antworten auf den Tisch gesetzt. Auch wenn sich das nicht gehört, wir konnten damit Nähe inszenieren. Also: Inszenieren Sie das, wofür Ihr Anliegen steht.

Inszenierung beginnt bei Ihrem Alltagsauftritt. Jedes Detail ist wichtig. Jemand sieht grau aus, kann sich nicht verständlich machen, riecht schlecht, ist schlecht angezogen: Wie sie oder er ist, nicht inszeniert. Inszenierung ist oft geradezu notwendig.

Arbeit an der Bühnenpräsenz ist 2500 Jahre alt. In der Antike traten Redner auf. Die Menschen sind viele Kilometer gepilgert, um die Reden zu hören. Sie wählten nach der Qualität des Auftritts. Weil der Redner gut geredet hat, hat er überzeugt. Weil er interessant geredet hat, hat man ihm gern zugehört. Er war inszeniert: Es gab vielleicht etwas Beleuchtung, ein paar Fackeln daneben, und er hat ein schönes Gewand angehabt. Es war alles gut aufbereitet. Das ist Bühne. Könnten wir das damalige Publikum fragen, es würde vermutlich antworten, dass es gut war. Es gab schon damals ein paar, die sich Gedanken machten und sich überlegten, wie er beleuchtet wird und von welcher Seite er auftritt. Inszenieren Sie den Alltag! Bauen Sie die Bühne.

19 / Vermeiden Sie Störendes

Freie Schussbahn

Fassen wir zusammen: Authentisch scheint Ihr Eindruck, wenn das feine Verhältnis zwischen Ihnen selbst sowie dem, was Sie wollen (Ausdruck), und dem, was der Film braucht (Eindruck), stimmt. Dazu sollten Sie »eine gute Figur« machen. Aber das ist nicht immer einfach, oft schon nur deshalb nicht, weil triviale äußere Bedingungen nicht gut sind. Ein Auftritt zum falschen Zeitpunkt zum Beispiel ist ein schlechter Auftritt. Definieren Sie deshalb den richtigen Zeitpunkt – und den rechten Ort.

Hinter Ihnen eine dunkle Backsteinmauer. Sie stehen mit dem Rücken zur Wand und sprechen über Innovationen oder vom »freien Spiel der Kräfte«, vom »tiefgreifenden Wandel der gesamten Branche«, von Agilität. Das passt nicht zusammen, das geht nicht, und es wird trotzdem täglich gemacht. Der Grund ist nicht Niedertracht, wie man denken sollte, oder dass jemand Ihren Auftritt sabotieren will. Der Grund ist Schlamperei. Jemand sieht es nicht und jemand hat versäumt, es anzusprechen. Das sind fast immer Sie selbst. Ändern Sie das.

Um »eine gute Figur« zu machen, die authentisch scheint, muss auch Ihre Umgebung passen. Was nicht passt, sollte passend gemacht werden. Was irritiert, sollte verschwinden. Amerikanische Coaches sprechen von *irritants*: Eliminieren Sie alles, was im Weg steht, eliminieren Sie Lärm und unangenehme Gerüche. Bilden Sie sich eine Meinung dazu, welches Setting das Beste ist, welche Steh- und Sitzpositionen. Denken Sie an Fotos. Sie sollten nicht vor etwas fotografiert werden, das die Aussage konterkariert. Dazu sollten sie den Standort sorgfältig auswählen. Das geht öfter, als man denkt, selbst wenn Sie das Setting normalerweise nicht bestimmen. Ein Beispiel: Wenn Sie in einem Hotel sind und neben ihrem Platz, von dem aus Sie reden, ein hässlicher Stuhl steht, muss er weg. Wenn es störende Geräusche gibt, müssen sie unterbunden werden. Wenn in Ihrer Nähe etwas in Bewegung ist, sollte es zur Ruhe kommen.

Auch wir selbst bringen oft ebenfalls störende Elemente mit. Wir fassen uns an die Nase, wir bewegen uns manieriert. Wir haben diesen oder jenen kleinen Tick. In Auftritten wirkt er übermächtig, auf Fotos und in Videos oft unerträglich.

Anders ist das mit Ticks, die bewusst gesetzt sind. Sie scheinen authentisch, ohne es zu sein, Leitmotiven wie in der Literatur, Running Gags, laufenden Kuriositäten ähnlich. Leitmotive sind erfundene kleine Szenen oder Sprüche, die zur Strukturierung eines Stückes oder Buches eingefügt sind. Diese Funktion nutzte eine Fernsehmoderatorin, die sagte: »Alles wird gut«. Und auch Running Gags begegnen Sie im Business, oft ohne es zu merken. Sie sehen authentisch aus, sind es aber oft nicht: Carly Fiorina, die ehemalige Vorstandchefin von HP, die zu Anfang von Reden oft ein Wasserglas umwarf. Oder jemand, der sein Manuskript fallen lässt, wenn er zum Rednerpult geht, oder eine Managerin, die zu Anfang die immer gleiche Frage stellt, oder jemand, der zu Anfang seines Auftrittes etwas Schräges sagt. Sie kennen selbst genug Beispiele.

Kleinigkeiten sind in jeder Inszenierung entscheidend. Alle Artefakte, die etwas aussagen, Details der Kleidung, Armbanduhr, solche Dinge haben zwei scheinbar gegensätzliche Funktionen:

A: Sie zeigen, wie man zu sein glaubt. Sie bringen einen zu sich selber: Das passt zu mir; so bin ich.

B: Sie zeigen, in welcher Rolle man zu sein glaubt. So verlockend auch die erste authentische Funktion ist: Dies zweite ist das, was andere wahrnehmen.

In einem Interview für den *Focus* hatte ich Statements zum Auftritt von Edmund Stoiber abgegeben. Es war vor einer Bundestagswahl, er trug damals einen Siegelring, der ihn, wie ich fand, eitel und altmodisch erscheinen ließ, anders gesagt: der nicht in die Rolle des zukünftigen Bundeskanzlers passte. Noch am Tag des Erscheinens rief jemand aus der CSU-Fraktion in unserem Büro an: Es sei nicht ein Siegelring, sondern ein Ring, der ihm sehr wertvoll sei und den ihm seine Frau geschenkt hatte. Das war ein Missverständnis: Seine Assistenten meinten den Ausdruck: Warum trägt er den Ring? Für das Publikum zählt aber nur der Eindruck: Wie wirkt er? Zwei Welten, die sich nicht verstehen: Ich hatte ein Feedback gegeben und provoziert hatte ich die allzu authentische Rechtfertigung – und die Rechtfertigung der Authentizität des Kandidaten. Wie alle, die Feedbacks abwehren, gab auch sein Büro eine Erklärung ab: Darüber hat sich noch keiner beschwert, die anderen finden ihn gut, er bekommt viel Zuspruch, seine Frau hat ihm den Ring gekauft. Der arme Ring, er kann nichts dafür, er gehört »authentisch« zu ihm. Das aber ist egal: Es kommt nicht darauf an, woher er stammt, sondern wie er wirkt. Was der Referent nicht verstehen wollte, hat immerhin Stoiber selbst verstanden. In diesem kleinen, harmlosen Fall hat der Akteur gelernt. Der Kandidat trug den Ring schon bald nicht mehr. Also: Wenn es kein passendes Detail für Ihre Aussage gibt, dann besser gar keines.

20 / Legen Sie einen drauf

Bold!

Sieg oder Gefangenschaft, ein alter Topos. Wer Wirkung erzielen will, muss manchmal nachlegen. Um »bold« zu erscheinen.

»Bold« sein kann man in der Sprache: Hier sind Metaphern des Kampfes wirkungsvoll: ringen um etwas, das Unmögliche wagen, tapfer sein, sich erheben, den Wettbewerber bezwingen, standhalten, der Krise trotzen, sofort umsetzen, konsequent sein, kein Pardon kennen, die Ärmel hochkrempeln. Vor allem Absolutes wirkt stark, zum Beispiel Absolutismen der Zahl: ausnahmslos, alle, ohne Einschränkung; Absolutismen der Abgrenzung: niemals, weder noch, einzig; Absolutismen im Ausmaß: absolut, ausnahmslos, grundsätzlich, in vollem Umfang; Absolutismen der Überzeugung: eindeutig, ohne Zweifel, unbeirrbar, fraglos, mit Sicherheit; und schließlich in der Absolutheit: jedes Mal, immer, niemals, endgültig, jederzeit. Legen Sie sich ein Reservoir an solchen Verstärkern zurecht!

Selbst die eingefleischte Protestantin Angela Merkel hatte es gelernt. Der jüngste Wahlkampf verlangte Superlative oder einen sehr hohen Grad von Kodierung wie allergrößt, außerordentlich, einzigartig, ausdrücklich, extrem, entschlossen, herausragend, unbedingt, unendlich, unglaublich, vollkommen, völlig, wirklich, wirklich sehr, ganz. So werden Wahlen gewonnen: »Ein ganz wichtiger Meilenstein«, »eine ganz wichtige Komponente«, »in einer ganz schwierigen Situation«, »einen ganz besonderen Anteil«. Auch Dopplungen haben dazu beigetragen: sehr, sehr gute Realität; auf sehr, sehr gutem Weg; sehr, sehr erschütternde Bilanz; mit sehr, sehr großen Problemen; unter sehr, sehr schwierigen Bedingungen.

Bold sein, Verzeihung, bold wirken, das gelingt schließlich besser mit höherer körperlicher Präsenz. Nehmen Sie sich Raum! Der sichere Stand, die ausladende Gestik zählen dazu. Sie sind, öfter als Sie denken, auf einer Bühne, und nicht mehr nur jemand, der Informationen übermittelt und Sachverhalte erläutert.

21 / Machen Sie keine falsche Bewegung

Gegen Körper-Interpretationen

Wenn wir authentisch sind, in der Situation, so, wie es uns gerade geht, vollführen wir unzählige Bewegungen, wir kratzen uns, wir schieben die Brille zurecht, streichen über den Bauch, berühren Ohrläppchen, wir zwirbeln Haare. Gehört das in den Film, in dem Sie spielen? Oft ist das kein Problem, manchmal aber doch: Wenn nämlich die Öffentlichkeit das Bild in einem anderen Kontext zu sehen bekommt. Und das ist oft der Fall. Fotos zum Beispiel zeigen nur einen Moment – es kann der falsche sein. Denn die Mikromimik verrät Authentisches. Alles Unkontrollierte wird interpretiert: Irgendetwas stimmt hier nicht, auch wenn Sie, wovon wir ausgehen, gute Absichten hegen. Disziplin tut not.

Besonders gefährlich ist mediale Beobachtung: Ein Statement wird aufgenommen. Nur einer redet oder antwortet, aber alle im Raum werden mitgefilmt. Ein Beispiel ist die Hauptversammlung: authentisch-gelangweiltes Blättern in Papieren ist zu sehen, der Griff in die Nase, während den »lieben Aktionären« die Story verkauft wird. Mein Rat ist: Nicht nur, wenn Sie gerade reden, sollten Sie sich disziplinieren. Jede allzu authentische Geste kann festgehalten werden. Ebenso gilt: Wenn Sie einen Auftritt haben, sollten Sie sich – und alle anderen ebenfalls – disziplinieren, solange Sie sprechen. Die falsche Geste passiert immer dann, wenn ein kritisches Thema angesprochen wird. Das Kratzen, das Räuspern, vor allem das Hin-und-her-Rücken auf dem Stuhl, all das verrät: getroffen, ins Schwarze. Vor allem der Haltungswechsel auf dem Stuhl ist ein untrügliches Zeichen.

Wer blickt, wie es ihm authentisch gerade so ist, erzielt keine Wirkung oder oftmals nicht die gewollte. Unsere Augen als Spiegel der Seele, das ist ein Klischee, aber es ist etwas dran. Augen verraten viel, aber sie können auch verbergen und manchmal müssen sie das, sich der Ausdrucksabsicht unterordnen. Macht äußert sich oft auch in einem klaren Blick. Wer seine Gegenüber taxiert, kann sie ausüben. Umgekehrt wirkt der ausweichende Blick. Der Blick lenkt den anderen, noch vor den Worten. Eine Regel sollten Sie beachten: Gerade wenn es heikel wird: Nicht wegsehen!

Ob Blick oder Bewegung, allgemein gilt: Gegen die falsche Bewegung hilft nur Disziplin! Besondere Selbstkontrolle ist nötig, wenn Fotos oder Filmaufnahmen gemacht werden. Hier hat sich die Öffentlichkeit gewandelt, ihre Brutalität nimmt zu. Rechte werden nicht immer respektiert und »Drehgenehmigung« ist ein Wort wie aus Tausendundeiner Nacht. Beherrschen Sie sich also möglichst vollkommen. Machen Sie keine falsche Bewegung. Es lohnt sich!

22 / Sagen Sie über andere nur Gutes

Die Konkurrenz lieben

Es gibt Menschen, zu denen fällt uns einfach nichts Gutes ein. Als hätte man es geahnt: Es sind manchmal Konkurrenten, manchmal alte Feinde, Ehemalige jeder Art. Bei Licht besehen – und wenn wir ehrlich sind – erkennen wir: Unsere Wettbewerber tun viel Gutes, ähnliche Dinge wie wir selbst – sonst wären sie ja keine ernsthaften Konkurrenten. Gerade deshalb müssen wir etwas an ihnen aussetzen. Wir wollen schlecht über sie reden. Seien Sie darüber nicht beunruhigt: Das geht jedem so, es ist ganz natürlich und authentisch.

Sie kennen diese Situationen, in denen das Authentische besonders gefährlich ist: wenn der authentische Reflex anspringt. Wir ärgern uns, wir wollen der Konkurrenz eins auswischen, wir sehen Fehler beim Gegenüber, wir haben mit ihm noch eine Rechnung offen, wir wollen es endlich beim Namen nennen, es muss mal gesagt werden. Tun Sie es nicht! Die Botschaft lautet: Negatives ist keine Botschaft. Wen auch immer Sie kritisieren wollen, von wem auch immer Sie sich abgrenzen: Es fällt auf Sie zurück.

Die wirkliche Größe besteht auch hier darin, dem authentischen Reflex zu widerstehen. Weiter vorne habe ich »1a und 1b« beschrieben. Seien Sie 1a. Wer 1a ist, beherrscht sein Ensemble aus Authentizität und Rolle. 1a erkennt andere an. Umgeben Sie sich deshalb mit 1a-Leuten. Wenn Sie nur 1b sind – Seien Sie bitte ehrlich! –, dann umgeben Sie sich wenigstens mit 1b-Leuten. Reden Sie nicht schlecht über die 1a-Fraktion! Und wenn Sie nichts Gutes über die 1a-Klasse zu sagen haben? Tun Sie es trotzdem.

Ich habe mit meinen Klienten oft die Folgen negativer Äußerungen zu reparieren. Wir versuchen es wiedergutzumachen, wir erlernen einen anderen Modus, wir schicken andere Statements, andere Interviews ins Rennen. Es nützt oft nichts – und das alles, weil die Klienten im entscheidenden Augenblick zu authentisch waren und schlecht über andere gesprochen hatten. Sagen Sie, was *Sie* wollen und können, nicht, was andere schlechter machen. Die Gegenposition ist keine Position, jedenfalls keine, die Zustimmung findet. Hinzu kommt, dass die Agenten der öffentlichen Meinung nichts mehr schätzen als Kampfhähne. Journalisten suchen zu Recht nach solchen, die schlecht über andere sprechen. Sobald Sie einmal etwas Derartiges geäußert haben, sind Sie Opfer einer Inszenierung, die Sie nicht gewollt haben. Also: Seien Sie niemals ein Kontrahent in einer öffentlichen Auseinandersetzung. Am Ende verlieren auch Sie gleich mit.

23 / Suchen Sie Flughöhe in den Argumenten

Ober sticht Unter

Wer auch immer Ihnen zuhört, wo auch immer Sie etwas sagen können: Niedriges erzeugt Unbehagen. Gefragt ist das über dem Alltag Stehende. Alle lechzen nach der Vision, nach einem Weg, wohin es gehen könnte, nach höheren Zielen. Dazu sollten Sie Angebote machen. In meinem letzten Buch *Executive Modus* zeige ich Methoden dazu. Das Prinzip ist alt: Wirkung durch Höhe.

Wörter stehen für Welten. Manche von ihnen schaffen deshalb etwas Größeres, andere dagegen schaffen das nie. New York erzeugt Bilder, sicher auch kleinere Städte wie St. Tropez. Sie mögen lieber Beispiele aus Deutschland? Wie ist es mit Wolfsburg, einer Stadt, die drei Mal nacheinander von einem ICE vergessen wurde? Oder wie ist es zum Beispiel mit Freising? Ein ganz schwieriger Fall, und dennoch entschied sich ein deutsches Wahlkampfteam, Freising im Wahlkampf zum Thema zu machen.

Der Kandidat sollte ganz authentisch von dem reden, was er kennt. Gesagt, getan, der Kandidat Stoiber sprach über Arbeitslosigkeit in Freising. Titelverteidiger Schröder agierte auf einer höheren Argumentationshöhe: »Aber wir reden doch hier nicht über Freising!« Was hatte er getan? Er hob sich aus den Details heraus. Details machen Probleme, der Teufel steckt genau dort. Die andere Taktik war sehr wirkungsvoll, weil sie nach oben heraus führt. In der unteren Ebene der Fakten (»Freising« – eine Arbeitslosenzahl) war nichts zu gewinnen. Der mit dem größeren Dach gewann.

»Endstation Freising« schrieb Moritz Rinke – vor fünfzehn Jahren!: »Niemand steht auf und sagt: Schluss! Aus! Wir Deutschen haben einfach kein Talent für die Politik als Show! Wenn wir schon die Inhalte aufgeben, die Träume, die Illusion von Visionen und die suchende innere Bewegung, dann brauchen wir doch wenigstens eine gute Show und nicht nur Freising, Binnenmarkt und irgendwelche bescheuerten Zeitkonten!«

Ganz knapp gewonnen hatte auch Angela Merkel jedes Mal, unter anderem mit Dach-Sätzen – sie hatte von Schröder gelernt. Lange galt ein kategorisches Prinzip: Dass man Versprechen einhalten muss, sogar Wahlversprechen. Es ist kategorisch, darüber gibt es nicht mehr viel. Und doch konnte sie noch ein Viertelchen drauflegen. Versprochen und im Koalitionsvertrag aufgeschrieben und unterschrieben war »Steuersenkung«, aber diese konnte dann doch nicht umgesetzt werden: »Gesetzlich und moralisch« gab es plötzlich etwas Höheres, eine »Pflicht«. Dadurch wurde

Schuldenabbau wichtiger. Höher als Pflicht, das geht nicht mehr – jedenfalls in Deutschland nicht. Ober sticht Unter.

24 / Reden Sie nie ohne Plan

Charts sind kein Plan

Sie sollen etwas sagen, auf einer kleinen Feier eine kleine Rede halten, nur ein paar Worte. Sie sind etwas aufgeregt, beginnen zu zittern, fühlen sich deplatziert und wünschen sich weit weg. Die ersten Worte kommen zäh wie Kaugummi. Sie versuchen sich zu erinnern, was Sie in welcher Reihenfolge sagen wollten, aber vor Ihren Augen tanzen nur lange deutsche Sätze herum (hoffentlich sind es nicht ein paar Sterne). Ob zwangloses Gespräch, wichtiges Telefonat, aufwendige Pressekonferenz, es ist immer dasselbe: Wie fange ich an?

»Denkt nicht nach, was Ihr zu sagen habt. Es wird Euch eingegeben werden.« Leider kommen solche Sätze nur in der Bibel vor. Wir reden oft so, ohne Plan, ganz authentisch. Wer zynisch ist (das sind wir nicht), dem fällt ein, was der junge Brecht daraus machte: »Denkt nicht nach, was Ihr zu sagen habt! Ihr werdet nicht gefragt!«

Sobald Sie aber einen Plan haben, wird alles ganz anders. Sie stehen anders, Sie schauen anders aus der Wäsche. Am Tisch sitzen Sie ruhig und blicken Ihre Gesprächspartner an. Sie sprechen wenige klare Sätze, ebenso klar sind ihre Gesten. So sollte es sein.

Aber was ist ein Plan? Ein Plan ist das Gegenteil des Authentischen! Einen Plan zu haben heißt: Sie verlassen sich nicht darauf, dass Ihnen irgend etwas »eingegeben« wird.

Zu einem Plan gehören drei Dinge. Erstens brauchen Sie ein Ziel, damit Sie beim Sprechen darauf zusteuern können. Zweitens sollten Sie für den verbalen Auftritt, für Rede oder Antwort, einen groben Rede-Plan haben. Drittens sollten Sie für eine gute Satzplanung Stichwörter aufschreiben, in mündlicher Sprache: »Schreiben fürs Hören«.

Das leitende Bild ist entscheidend; es lenkt uns. Schon wenn wir einzelne Wörter aussprechen, tun wir das nach einem Leitbild. Im Studium der Sprechwissenschaft habe ich bei phonetischen Untersuchungen assistiert, die das leitende Bild eines Lautes abgrenzten gegen das eines anderen Lautes – zum Beispiel »o« gegen »u«. Sind diese Bilder gestört, etwa nach Schlaganfällen, werden Laute undeutlich, obwohl alle Muskeln gesund sind. Das gilt für jede Äußerung. Wir brauchen ein leitendes Bild über das, was wir darstellen wollen. Ohne dieses Bild sind sie verloren – oder eben nur authentisch Stufe I. Um aus dem Nur-Authentischen herauszutreten, braucht man diesen ersten Schritt, der noch nicht die reale Handlung ist. Man muss eine Vorstellung über den Auftritt entwickeln, darüber, wie er sein soll, Diese Vorstellung muss vor dem Auftritt entworfen sein, sie darf nicht erst während des Sprechens entstehen. Erst der Plan, das Zielbild, dann die Wirkung.

Wenn der Anfang gesagt ist, müssen Sie weiter dranbleiben. Alles, was ablenkt, alles, was jetzt »aus dem Bauch« kommt, jede authentische Regung kann alles zerstören. Das Authentische stört auf dem Weg zum Ziel. Wir kennen die Szene: Wir beginnen zu sprechen, es scheint logisch, aber wir verlieren den Plan aus den Augen. Es fehlt das Ziel. Solange der Zielsatz vor Ihren Augen ist, geht alles gut. Bringen Sie sich deshalb in einen konzentrierten Zustand. Meiden Sie jede Ablenkung.

25 / Lesen Sie nie Text vor

Ein Text ist kein Plan

Der Sport-Moderator Ernst Huberty ist ein Phänomen. Für eine ganze Generation war er die »Sportschau«. Er hat Tausende Sendungen gemacht und nie einen Text vorgelesen. Ich habe nie wieder einen Menschen erlebt, der so einfach und so klar redete. Er moderierte frei, mit pointierten Aussagen, häufig in Ein- oder Zweiwortsätzen. Bei ARD und ZDF habe ich mit ihm viele Moderations-Workshops geleitet. Jeweils zum Wochenanfang schrieben die Nachwuchs-Moderatoren kunstvoll verfasste Texte auf, die sie in einen Teleprompter eingaben, ein Gerät, das den Text in Spiegelschrift auf eine Scheibe projiziert. Zauber der Physik: Die Moderatoren sehen ihn, die Zuschauer nicht. Als wir anfingen, lasen fast alle ModeratorInnen Texte davon ab. Am Ende des Workshops sprachen sie frei – und mit Plan. Legenden wie Ernst Huberty haben in 22 Jahren als Moderator niemals irgend etwas vorgelesen. Ein ausformulierter Text ist so ziemlich das Unpassendste, was man sich als Plan vorstellen kann. Lesen Sie nie Text vor.

Das hätte der Action-Regisseur Michael Bay wissen sollen. Er hat Filme wie »Pearl Harbor« produziert, Horrorklassiker neu verfilmt und arbeitete an einem Remake von Alfred Hitchcocks Klassiker »Die Vögel«. Sein größter Coup war »Transformers«. Aber dann folgte der Absturz. 2014 sollte er auf der Pressekonferenz der Elektronik-Messe

CES in Las Vegas ein paar Worte sagen. Ein bombastischer Auftritt war inszeniert, laute Actionfim-Szenen, unter dem Beifall von 1000 Tech-Journalisten und Triumph-Musik schritt ein großer sportlicher Mann auf die Bühne, doch dann lief alles schief. Der Star-Regisseur war nervös. Das darf sein, das ist ganz authentisch, es sollte nur nicht zu sehen sein. Der Star der Inszenierung kam mit der Inszenierung nicht zurecht. Er verrenkte die Hände, blickte nach oben, versuchte offenbar irgend etwas zu lesen. »Was ich versuche - *äh - als* Regisseur - äh - der Teleprompter ist aus - äh - aber ich improvisiere einfach.« Er zischte noch: »Entschuldigt mich, tut mir leid«, und verschwand von der Bühne. Ein Text ist kein Plan. Er hatte keinen Plan - vor allem keinen Plan B.

Michael Steinbrecher produzierte eine Reihe längerer Reportagen für das ZDF. Der Text dazu wird üblicherweise schriftlich ausformuliert und im Studio aus dem Off vorgelesen. Wir wollten dagegen erreichen, dass es keine Differenz zwischen der Stimme des Off-Sprechers Michael Steinbrecher und der Stimme des Live-Moderators Michael Steinbrecher gibt. Mit einem fertigen Text war das nicht zu machen. Also: Keinen Text vorlesen! Dumm nur, dass gerade das beim Fernsehen üblich ist; ich wusste das aus den sieben Jahren dort. Wir haben schließlich eine radikale Variante gewählt und keinen Text ausformuliert, sondern circa 60 bis 70 Prozent als Stichworte notiert. Den üblichen Kampf gegen den Singsang im Vorlese-Training haben wir übersprungen. Heraus kam Michaels Stimme und Melodie, wie sie war und wie sie jeder sofort erkannte. Wieder, auch hier: Das Ergebnis schien authentisch und wieder das Paradox: Es schien authentisch, gerade weil wir es gut vorbereitet und geprobt hatten. Hätte er einfach nur einen Text geschrieben und vorgelesen, hätte es sich – wie bei den meisten, die nicht Sprech- und Stimm-Profis sind – unprofessionell angehört. Im Allgemeinen und besonders für Moderatoren ist das Text-Vorlesen eine ausgesprochen schlechte Strategie. Mit Michael Steinbrecher erlebte ich eine Szene, die sich kein Autor ausdenken kann: Die ging so: Beim ZDF sind immer Texte zum Abheften gefragt, weil eine Redaktion den Text »abnehmen« will. Wir telefonierten mit der Redaktion in Mainz: »Es gibt keinen Text, Herr Steinbrecher spricht frei. Die Zuschauer brauchen ja auch keinen Schrifttext, sie wollen ihn ja hören.«

Mit einer Moderatorin hatte ich zwei Tage lang für eine Reisesendung geprobt. Die Pilotsendung sollte in der darauffolgenden Woche aufgezeichnet werden. »Sie spricht doch frei?« erkundigte ich mich bei der Redaktion und die Antwort war: »Ja. Sollen wir Ihnen den Text schicken?« Da hätte ich stutzig werden müssen: Die Produktionsfirma wollte tatsächlich am Strand von Agadir einen Teleprompter aufbauen. Der Text war schon vorbereitet, Versatzstücke aus dem Reiseführer: »Ich stehe hier auf dem Djemaa el Fna. Der Djemaa el Fna ist mein Lieblingsplatz. Er heißt der Platz der Geköpften und steht seit einigen Jahren als Meisterwerk des mündlichen und immateriellen Erbes der Menschheit unter dem Schutz der Unesco. Und tatsächlich: Noch immer zieht er Tag für Tag, Abend für Abend Tausende von Marokkanern von nah und fern an, die den Geschichtenerzählern lauschen, die die Feuerschlucker anfeuern und den Heilern alles glauben« und so weiter. Die Sendung fiel durch und es lag nicht an der Moderatorin! Es war die falsche Prozedur (vorlesen), das falsche Produkt (Reiseführertext) und der falsche Prozess (Jemand schreibt einen Text, ein anderer liest ihn vor). Für mich kam etwas Gutes dabei heraus, eine Art Schwur: Ich würde nie mehr das Moderieren von einem Teleprompter proben und coachen. Bei ARD und ZDF hatte ich schon aufgehört und seit jener Marokko-Pilotsendung auch nie mehr für einen Privatsender gearbeitet.

26 / Bleiben Sie in der Spur

Stay-on-Message-Approach

Wenn Sie einen Plan machen, wollen Sie ihn umsetzen. Was Sie daran hindert, das Ziel zu erreichen, sind oft weniger die Umstände, Raum, Zeit, Mitspieler. Was Sie daran hindert, sind oft einfach Sie selbst. Wenn Sie den Weg verlassen, werden Sie das Ziel vielleicht nicht erreichen, und wenn doch, dann aber auch nur mit Kompromissen. Eines der ganz großen Themen in meiner Arbeit mit Spitzenmanagern ist: Wie kann ein Mensch oder ein Team mit möglichst wenig Irritationen zum Ziel kommen? Das Ziel lautet: Das zu sagen, was man sagen will, so aufzutreten wie geplant und wie es der Aufgabe nützt. Und auch Ihre Frage sollte sein: Wie kann ich in der Spur bleiben?

Sie sollten vor allem immer dann in der Spur bleiben, wenn alles andere Schaden anrichten könnte. Vor Augen habe ich dabei Fälle wie diesen: Als Unregelmäßigkeiten bekannt wurden, standen einige Spitzenmanager in der Kritik. Der deutsche Vertriebschef eines der Unternehmen wurde gefragt: »Gibt es Umsatzrückgänge?« »Ja, natürlich«, antwortete dieser. Das konnte er aber gar nicht wissen und er durfte es auch nicht zugeben. Es war nicht sein Film. Es war zu authentisch. Der Manager verlor seinen Job und der Unternehmenswert brach um 130 Millionen Euro ein.

Lernen Sie daraus. Legen Sie sich einen Plan zurecht – in einer Reihe von Sätzen. Diese Sätze müssen eingängig sein, leicht sprechbar, überzeugend und einprägsam. Und bleiben Sie in der Spur.

»Stay on Message« nennen das die Star-Coaches der Stars, egal ob aus Sport oder Showbusiness. Es ist eines der professionellen Prinzipien, ohne die Hochleistung kaum gelingt. Wie bleibt man in der Botschaft? Man muss einen Plan haben, wie oben gezeigt, dann entwickelt man zunächst eine Linie für das, was man sagen will. Sie besteht aus dem Zugang zum Gegenüber, Argumenten und dem Zielsatz. In einem zweiten Schritt verteidigt man sie. Oftmals erreicht man das durch abwechselndes Schweigen und Wiederholen. Folgen Sie diesem Algorithmus. Verlassen Sie Ihre Botschaft nicht. Halten Sie die Ohren steif und bleiben Sie in der Spur!

27 / Geben Sie sich ein Profil

The Recognition Law

Ein Spitzenmanager der Automobilindustrie, er trägt einen auffälligen Schnauzbart, setzte sich eines Tages einen Cowboyhut auf und nahm eine Gitarre in die Hand. Es war in den USA, er war Vorstandschef einer Automarke und er ging in dieser Montur auf eine Bühne auf einem Mitarbeiter-Event. Die Botschaft hieß »Nähe« und sie kam an.

Alles wirkte, als käme es geradewegs aus dem Herzen. Es gibt zahllose Kommentare dazu im Netz, der häufigste Begriff zu diesem legendären Auftritt hieß: »Authentic!«

Aber das war es gerade nicht. Es war inszeniert. Dass der Hauptdarsteller sagen würde, die Idee sei ihm spontan gekommen, ändert nichts daran. Auch hier sehen wir wieder: Es scheint nur authentisch. Es ist nicht authentisch. Gerade das Nicht-Authentische ist wirkungsvoll. Jemand hat gesagt: Setzen wir einen Hut auf, nehmen wir die Gitarre, das kommt gut an. Dieser eine Auftritt hat diesem Mann ein Profil gegeben, weit mehr als Tausende Fotos und Tausende Sätze, passende und unpassende. Das Profil ist: Der ist wie wir, der ist echt. Und das färbt auf das Unternehmen und die Produkte ab. Tolle Team-Performance!

Jeder, der aufsteht und spricht, steht für etwas und selten nur für sich selbst. Sie wollen für Ihr Anliegen stehen, für Ihr Unternehmen, Ihre Idee, Ihre Familie. Dazu brauchen Sie ein Profil, damit man Sie gut erkennt und weiß, wo man Sie finden kann. Der Spitzenmanager mit dem Schnauzbart, der »spontan« ein Leid gesungen hat, ist nur ein Beispiel. Botschaften werden kaum noch ohne Gesichter inszeniert. Vor allem in der Automobil-Industrie können wir das beobachten: Früher waren die Autos die Stars, heute sind es die Manager. Menschen, die für etwas stehen, ein Unternehmen, eine Partei, eine Marke, zählen. Studien haben herausgefunden, dass gerade in Krisen der Kopf entscheidend sein kann. Die Profile des Spitzenpersonals sind oft wichtiger für das Ziel, das Publikum zu überzeugen, als etwa Sponsoring und Werbung.

Dasselbe gilt auch für Ihr Anliegen. Wenn Sie eine Botschaft haben, dann übermitteln Sie sie persönlich. Alle

Studien, auch die, die ich selbst durchgeführt habe, kommen zum gleichen Ergebnis: Die personifizierte Aussage ist immer die wirkungsvollere: 1. Sie reduziert Komplexität. 2. Sie emotionalisiert. 3. Sie erheischt Vertrauen. Sie sollten deshalb Ihrer Botschaft ein Gesicht geben.

Nichts ist weniger authentisch als ein Profil. Es ist professionell hergestellt. In allen uns bekannten Fällen ist der Eindruck ausgedacht, alles ist geplant, wenn es wirklich gut ist. Was ist überhaupt ein Profil? Ein genereller Eindruck, ein Anschein, der möglichst professionell hergestellt werden sollte im Hinblick auf:

- Setting und Kleidung
- Story und Themen
- Reden und Antworten
- Soundbites

Das Wichtigste am Profil ist Substanz. Wer erkennbar sein und damit authentisch scheinen will, benötigt ein Thema, mit dem man verbunden wird. Es muss anschlussfähig sein, es muss Bekanntes aufnehmen und es muss variieren. Nur so lässt sich Aufmerksamkeit erzeugen, nur so wird man im Suchraster erkannt.

Wie schafft man ein Profil? In der Regel kümmern sich professionelle Berater und Coaches darum. Eine Kurzform können Sie selbst herstellen. Machen Sie dazu eine Skizze A mit allen Eigenschaften, für die Sie stehen, und eine Skizze B mit allen Dingen, für die sie stehen wollen. Die Schnittmenge daraus hat gute Chancen, authentisch zu wirken.

28 / Schaffen Sie sich ein Etikett

Brandzeichen

Hotel Adlon in Berlin, ein Event für PR-Berater und Kommunikateure von Unternehmen und Politik. In der Fragerunde nach meinem Vortrag fragte mich jemand: »Was sagen Sie als Altphilologe dazu?« Wie bitte? Ich hatte in der Schule gerade einmal einen schmalen Lateinkurs besucht. Der Grund für die Frage war, dass ich mehrmals Aristoteles erwähnt hatte. Wer das tut, muss büßen. Meine Antwort ging zu sehr ins Detail, sie hatte offenbar das falsche Leitwort und nicht nur der eine, der fragte, fühlte sich offenbar wie im Griechisch-Seminar. »Der Altphilologe« bekam ich als Etikett angeheftet. Selbst wenn ich Altphilologe wäre: Ich möchte nicht den Eindruck erwecken, ich sei es.

Wie hätten Rede und Antwort sein müssen, damit ich als das erschienen wäre, was ich bin? Ich bin Auftritts-Mechaniker. Bei meiner Vorbereitung hatte ich die alles entscheidende Frage nicht bedacht: Als was möchte ich dastehen? Auf Aristoteles hätte ich einfach verzichten sollen.

Wer Manschettenknöpfe in derselben Farbe wie die Krawatte trägt – oder gar die Lünette der Uhr in derselben Farbe wie die Krawatte, wer hin und wieder farbige Schnürsenkel trägt, ist beim nächsten Interview »der modebewusste Herr X«. Das mag so sein, aber ist dies das Bild, mit dem diese Person in einem Satz zusammengefasst werden will? Solche versehentlich gesetzten Etiketten sind unnötig.

Ein Vorstandsvorsitzender, der den Mythos pflegt, er habe einen alten Traktor seiner Automarke in der Garage, ein Politiker, der mit Wählern wandert. Suchen Sie nach Etiketten, die nicht das Authentisch-Zufällige unterstreichen, sondern das, was Sie zeigen wollen!

Mit meinen Klienten arbeite ich an solchen Etiketten. Authentisch inszenieren, das heißt: eine Story haben und diese Story immer wieder aufleben lassen. Erschaffen Sie sich ein oder mehrere Etiketten für Ihren Auftritt. Das können durchaus Manschettenknöpfe in derselben Farbe wie die Krawatte sein, die Lünette der Uhr in derselben Farbe wie die Krawatte und hin und wieder farbige Schnürsenkel! Aber überlegen Sie vorher, warum Sie sich dafür entscheiden. Das Etikett muss immer zur Marke passen, die Sie vertreten. Wenn Sie nur für sich selbst stehen, kann das Authentisch I sein. Stehen Sie für mehr, sollten Sie das auch repräsentieren.

29 / Bleiben Sie in Deckung

Keine Information geben

Wer etwas erreichen will, muss vor die Tür gehen. Aber dort ist es gefährlich. Gegenspieler tummeln sich dort, Vorgesetzte, Compliance-Beauftragte und verschiedenste Aufsichtsbehörden lauern auf den nächsten Fehler. Man kann es nicht anders sagen: Wer die Deckung aufgibt, lebt gefährlich. Sie meinen, das sei übertrieben? Ich denke nicht. Wir müssen nicht einmal über soziale Medien reden. Lesen Sie nur Ihre E-Mails der letzten Wochen: Sie finden Sätze, die Ihnen den Kopf oder etwas Ähnliches kosten können. Vergegenwärtigen Sie sich in Ruhe, wie sehr Sie sich mit Auftritten nach außen wagen, sehen Sie sich in Ruhe Ihre Äußerungen an – ihnen ist nicht Menschliches fremd. Sie finden dort alles, was authentisch ist.

Sollen wir immer sagen, was wir denken? Das ist eine der ganz großen ethischen Fragen und für dieses Buch eigentlich eine halbe Nummer zu groß. Aber es wird Sie nicht wundern, wenn ich sage: Nein. Was wir denken, ist zunächst einmal nur für uns bestimmt. Dort, wo unsere Meinung gefragt ist, sollen wir sie gern äußern, doch wo sie uns schadet, eben nicht. »Alles, was ich tue, kann von mir aus in der Zeitung stehen oder im Netz.« Das war einmal das mutige Credo eines Politikers und er hatte tatsächlich entsprechend gehandelt. Heute tut er es nicht mehr, seit dem Tag, an dem er einen Satz zu einem Sekretär seiner Fraktion sagte. Es war, obwohl unter vier Augen, öffentlich geworden, weil er eine Tür offen gelassen hatte.

Wie ernst solche Sätze gemeint sein mögen, so sehr sie uns Respekt abnötigen: Sie sind gefährlich. Reißen Sie sich nicht die Brust auf und verlassen Sie sich nicht darauf, dass es gutgeht. Suchen Sie besser die schützende Deckung! Überdenken Sie Ihre Worte noch einmal – und bleiben Sie weiter in Deckung.

Wenn Bundesliga-Funktionäre und Profifußballer beraten werden, ist Hermann Schlindwein nicht weit. In seiner Kanzlei gleich neben der Deutschen Bank in Frankfurt bereitet er Transferverhandlungen vor. Er ist einer der Anwälte, die die Verträge von Spitzensportlern aushandeln. Es geht um viel. Und es geht nicht nur um Geld, es geht um etwas viel Wichtigeres. Es geht um Verschwiegenheit in zweierlei Hinsicht. Nach außen, keine Presse, keine Mandantennamen. Verschwiegenheit und eine Art Dunkelheit herrscht aber erst so richtig, wenn es ans Eingemachte geht. Die Verhandlung verliert, wer dem anderen zu viel gibt. Kaum einer beherrscht das wie er. Seine Verhandlungsstrategie heißt heißt Deckung. In seinen Vorträgen sind es vier Punkte, und alle haben mit verdecken zu tun. Informationen nicht zu geben ist nicht die eigentliche Kunst, sondern Informationen zu bekommen.

Ein Quantum Verstecken gehört zu fast jedem Geschäft. Deckung ist die Voraussetzung funktionierenden Verhandelns. Das Hinterzimmer ist manchmal der beste Arbeitsplatz – bevor Sie nach vorn treten. Informationen gerade nicht zu geben ist eines der Erfolgsgeheimnisse aller, die Ziele erreichen wollen.

30 / Seien Sie nicht um jeden Preis im Recht

Alles ist wahr

Wer Recht behalten will, muss *gegen* andere argumentieren. Beispiele kennen wir alle. Ich beobachte im Auftrag meiner Klienten Reden und Antworten auf Veranstaltungen. Ob Politiker oder Manager, so manche Antwort beginnt mit der Zurückweisung: »Zu der Frage von Herrn X. Ich möchte gleich sagen, dass das nicht stimmt ...« und so weiter. Meistens haben die Antwortenden sogar recht. Aber es ist nicht konstruktiv – weil es Distanz schafft. Immerhin sind es allesamt teure Events, die eigens dafür ausgerichtet werden, »Freunde« zu gewinnen. Der Wunsch, Recht zu behalten, steht dem im Weg. Nach zahlreichen Studien kam der Berkeley-Linguist George Lakoff zu dem Schluss: »Argumentieren ist Krieg«. Das aber können Sie so gar nicht gebrauchen, wenn Sie langfristig überzeugen wollen. Recht haben wollen ist einer der Hemmschuhe, die Sie abstreifen müssen, wollen Sie den »Executive Modus« erreichen. Das ist in meinem gleichnamigen Buch eines von 12 Pinzipien.

Wenn Journalisten im Wahlkampf fragten, drehte sich der Kanzlerkandidat angewidert zur Seite, ganz authentisch, wie es ihm eben gerade zumute war. Als in der TV-Sendung »Am Tisch mit Peer Steinbrück« ein junger Migrant fragt, warum die Politik sich wenig um junge Leute kümmert, beginnt schon die erste Antwort mit dem Satz »Mich wundert Ihre Unterstellung.« Das ist die Methode vieler, die öffentlich letztlich erfolglos sind. Als eine Wählerin dem Kanzlerkandidaten vorhält, Politiker wirkten »gefühlskalt«, antwortet der Politiker mit einer gefühlskalten Sach-Belehrung. Recht haben als Programm.

Wie deutsch das ist! Es ist Teil unserer Erziehung, authentisch frei heraus zu brüskieren. Schließlich haben wir ja Recht. Und wer Recht hat, hat auch das Recht, es zu sagen! Das ist zwar nicht falsch, aber es ist nur die halbe Wahrheit. Auch die anderen haben Recht. Ohne diese Einsicht werden Sie niemals die Mechanik des Eindrucks verstehen. Wenn es Ihnen um den Eindruck geht – das, was ankommt – und nicht nur um den Ausdruck – das, was Sie selbst sagen wollen –, sind sie besser dran. Wer sich vom Klischee des Nur-Authentischen löst, findet Zugang zu einer Welt, in der alle das Recht haben, Recht zu haben. Wer das verstanden hat, weist niemanden mehr zurecht. Seien Sie von dieser Sorte!

31 / Korrigieren Sie sich niemals ohne Not

Ignoranz II

P. ist eine Kleinstadt in Brandenburg, nördlich von Berlin. Flaches Land, viel Landwirtschaft, gute Luft, hohe Arbeitslosigkeit, so wie alle Städte hier. Bis zu einem Tag vor einigen Jahren war es dort relativ idyllisch. Doch dann mussten die Bürger von P. einen Beitrag in einem ARD-Magazin sehen, der sie schaudern ließ und der sie tief verletzte. Der Tenor war: Eine Stadt voller Rechtsradikaler. Finstere Machenschaften, ein Mann, der am Boden liegt, verprügelt, eine alte Frau schimpft auf Polacken. Es gab in dem kaum vier Minuten dauernden TV-Beitrag Originaltöne von Einwohnern, die Angst hatten, die sagten, alles sei furchtbar, auch die Unruhestifter selbst kamen zu Wort, Glatzköpfe mit Springerstiefeln und finsteren Gesichtern. Was auch immer mit dieser Stadt war, alles deutete darauf hin, das P. eine Stadt sein muss, in der man nicht leben will, ums Verrecken nicht.

Natürlich waren die Bürger aufgebracht, doch der Bürgermeister nahm es persönlich. Erst rief er bei seiner Partei an, die die Mehrheit in den RBB-Aufsichtsgremien hat, dann beim RBB. Er beschwerte sich, die öffentlich-rechtlichen Sender müssten ausgewogen berichten, so kenne er es noch aus der DDR. Er verlangte, dass alles in einem zweiten Beitrag richtiggestellt würde. Nicht immer reagiert die ARD so schnell, aber bereits in der nächsten

Sendung kündigte der Moderator an, dass nun auf besonderen Wunsch des Bürgermeisters ein zweiter Beitrag gesendet werde, um das Phänomen »genauer zu beleuchten.« Es kamen wieder viele Bürger zu Wort, darunter auch welche, die beim ersten Mal noch nicht dabei waren. Aber sie sagten das Gleiche wie im ersten Beitrag. Das Entscheidende ist jedoch nicht, wie genau der erste Beitrag die Wirklichkeit in P. abgebildet hatte. Das Entscheidende ist, dass es überhaupt diesen zweiten Beitrag gab, dass er diesen Tenor hatte: rechtsradikal! Die Menschen sprachen Ähnliches wie beim ersten Mal in die Mikrofone. Nur irgendwo in der Mitte, man musste es mit der Lupe suchen, hieß es: »Na ja, es ist ja nicht alles schlecht.«

Aber vieles irgendwie doch. Beim ersten Mal war der Rechtsradikalismus noch ein Randphänomen, wie es leider überall vorkommen kann, nach der zweiten Sendung roch es bereits nach System. Und der Bürgermeister hatte mit seinem authentischen Zorn alles nur noch viel schlimmer gemacht.

In fast jeder Talkshow, auf fast jedem Podium wird dies und das zurechtgerückt, wird dies und jenes noch einmal aufgegriffen, auf etwas zurückgekommen. Oft ist das nötig, ganz oft ist es aber auch schädlich, denn auf diese Weise werden Themen verfestigt. Dabei ist es eigentlich ganz einfach. Ich war sieben Jahre beim Fernsehen, dort heißt es: »Das versendet sich!« Verlangen Sie kein Zurechtrücken. Stellen Sie besser nichts richtig. Machen Sie sich klar: Es geht vorbei, es wird vergessen. Für Negatives muss gelten: Vergessen Sie es! Lassen Sie die liebe Seele ruhen. Und sorgen Sie dafür, dass alle anderen das auch tun.

32 / Lassen Sie Ihr Inneres, wo es ist

Die Kraft der Mauer

Meine Klienten arbeiten viel, mit hoher Verantwortung, sie sind fast ausschließlich für die Firma da. Trotzdem kommt es immer wieder vor, dass in dem beliebten Fragebogen der Zeitungen steht: »Das Wichtigste ist für mich die Familie.« Das sagt genau der, der eben noch Mitarbeiter und Führungskräfte in einer feurigen Rede aufforderte, mehr für die Firma zu »brennen«, einen »Spirit« zu entwickeln, für das Team, die Mission. Er liebt seine Familie.

Ein neuer Manager spricht zum ersten Mal vor Mitarbeitern. Er lässt sich über seine Familie, über sein Studium aus. Zu viele Fotos mit Lieblingshund haben Sie als ersten Chart der Präsentationen wichtiger Manager gesehen, zu viele Male haben Sie sich anhören müssen, was einer sich »heute morgen im Flieger« überlegt hat. Menschen, die von sich selbst reden, am Anfang einer Präsentation zum Beispiel, scheinen selbstbezogen, obwohl sie einfach nur authentisch sind – oder umgekehrt. Und eines ist schlimmer als das andere.

Der Authenticity Bias, der Drang, über sich selbst zu sprechen, wirkt am Ende nur beliebig und durchschnittlich: »Wer mich noch nicht kennt: Ganz kurz zu meiner Person – äh – Ich bin ein echtes Sauerland-Gewächs. Ich habe dann in Münster studiert. Und dann – äh – meine Karriere in Bonn gestartet ... Bin heute zuständig für Prozesse ...« »Doch wie's da drin aussieht, geht niemand was an«, heißt es in der Operette. Aber »Das Land des Lächelns« gibt es nichts zu lachen. Nicht ganz authentisch zu sein hat den Vorteil, über manches Problem hinweg gehen zu können. Das Innere ist zerbrechlich; es muss geschützt werden vor Feinden. Zu viel Intimität ist eines der gefährlichsten Übel des kultivierten Zusammenlebens.

Wenn Sie etwas erreichen wollen, wird man wissen wollen: Was werden Sie tun? Was ist Ihr Plan, was ist Ihre Methode? Sie sollten von Anfang an den Eindruck vermitteln, dass Sie Antworten haben. Stattdessen ist es in Mode gekommen, mitzuteilen, wie man habituell ist oder wie man sich situativ fühlt.

Das Persönliche schafft gerade nicht Nähe, im Gegenteil, es befremdet. Wenn wir allzu persönlich sind, verwechseln wir etwas: Wir werden durch das Nach-außen-Kehren von Gefühlen gerade nicht glaubwürdig. Das ist oft Gesinnungsschmus. Dass man Gefühle hat oder zeigt, hat ja keinerlei ethische Qualität. Im Gegenteil, es steht im Wege, wenn man professionell authentisch sein will. Privates hat in der Berufsausübung, und davon handelt dieses Buch, nicht zu viel verloren. Es muss da, Entschuldigung!, eine Mauer geben.

Das Gefühlsgeduselte ist auch deshalb nicht gut für Eindruck und Auftritt, weil es nicht von den anderen spricht. Jeder Auftritt lebt vom Eindruck – auf die anderen! Deshalb sollten Sie zuerst über Ihr Gegenüber sprechen, etwas fragen oder etwas über sie oder ihn sagen. Vor allem ein Gespräch lebt davon, dass nach dem Innenleben des jeweils anderen gefragt wird. Wer hier nur von sich spricht, hat verloren.

Privates wirkt anders, wenn es weniger prominent dargeboten ist. Sie können später auf sich selbst kommen, möglichst beiläufig, eher unaufgeregt und allenfalls nach einem längeren Einstieg. Wenn Sie doch etwas Persönliches sagen wollen, dann über die Selbstvorstellung. Dazu ist Ihr Profil da. Also, sprechen Sie über sich, wenn es Ihr authentischer Drang ist. Aber auch wenn sie andere drängen, »etwas Persönliches zu sagen«: Tun Sie es nie am Anfang. Reden Sie nie am Beginn einer Rede oder eines Gesprächs über sich selbst.

33 / Pflegen Sie Ecken und Kanten

Aber nicht zu viele

Ihre Karriere lässt wenig Platz für Besonderheiten, Ihre Berufsrolle ist ein Korsett? Sie sehen, wie eilfertig sich Ihre Umgebung in eine Formatierung einfügt, und nicht wenige streben nach blinder Anpassung. Es ist ein Gespenst, vor dem alle Angst haben: der stromlinienförmige Manager, der formatierte Mensch. Niemand will wirklich den Roboter. Wer Menschen für etwas begeistern will, braucht Profil. Deshalb rufen wir nach denen mit den »Ecken und Kanten«. Inzwischen wird nicht mehr nur gerufen, es ist ein Wehklagen von Personalchefs. Der Kronzeuge dieser Klagetruppe ist einer aus dem letzten Jahrhundert, Hermann Hesse: »Wenn Industrie und Wissenschaften keine Persönlichkeiten mehr brauchen, so sollen sie auch keine haben.«

Das gängige Klischee behauptet: Die ganz anderen, die mit den Ecken und Kanten sind authentisch. Wir haben Bilder vor Augen von Männern mit mächtigem Schnauzbart, von Frauen mit tatkräftigem Blick. Es sind Bilder. Und Bilder sind das Ergebnis von Inszenierung. Authentisch jedenfalls sind die Guten mit den Ecken und Kanten oft gerade nicht. Gerade die mit den Ecken und Kanten arbeiten an sich, verändern sich immer wieder. Erfolg setzt voraus, gerade nicht so zu bleiben, wie man ist. »Du hast dich gar nicht verändert.« »Wie schrecklich!«, muss es einen da durchfahren: Genau das ist seit Bertolt Brecht eine Beleidigung.

Was aber gar zu eckig und kantig ist, passt manchmal nicht durch die Tür. Warum soll das mit Menschen anders sein? Wir alle kennen auch die zweite Art Leute mit Ecken und Kanten: jene, die sich nicht verändern wollen. Es sind die, die so sind, wie sie sind. Sie sind nicht erfolgreich, denn nur Kante ist nicht gut vermittelbar. Im Kampf gegen die Stromlinie sollten Sie nicht das Kind mit dem Bade ausschütten.

Alles hat sein Maß – aber auch seine Grenzen. Jemand kann noch so authentisch sein: Wenn er nicht mehr durch die Tür geht und an jeder Kante hängen bleibt, schlägt das Authentische um in eine andere Qualität, es wird zu viel. Kanten sind im Weg. Gehören Sie nicht zu dieser Kategorie!

34 / Halten Sie Ihren Preis

Das Hermès-Vuitton-Prinzip

Immer wenn ich in unserem Büro in der Frankfurter Goethestraße aus dem Fenster sehe, treten gegenüber Menschen mit großen braunen Papiertüten aus einem Geschäft heraus. Die Tüten sind groß und stabil; sie werden, selbst leer, bei ebay gehandelt. Was in den Taschen ist, wird jedes Jahr etwa drei bis vier Prozent teurer, seit vielen Jahren. Wir können die Uhr danach stellen.

Wir haben alle ein Gefühl dafür, was wir authentisch wert sind. Wir neigen dazu, diesen Drang nachzugeben, das auch nach außen anzugeben. Das Gefühl ist falsch. Wir stapeln zu tief, wir setzen für unsere Leistung wenig an, weil wir anderes bezwecken: Oft wollen wir einen Job oder einen Auftrag bekommen. Ganz innen, ganz authentisch, wollen wir Anerkennung; tiefenpsychologische Therapeuten nennen das »narzisstische Zufuhr«. Wir neigen dazu, für weit weniger Geld zu arbeiten als uns gut tut. Alles ganz authentisch.

Auch Marken kämpfen um Anerkennung. Die hätten eigentlich demütige Preise nötig. Aber gute Adressen sind teure Adressen. Die Düsseldorfer Königsallee, die Münchner Maximilianstraße, die Mönckebergstraße in Hamburg, der Wiener Graben, die Züricher Bahnhofstrasse. Die Frankfurter Goethestraße ist die engste von allen, selbst Luxusmarken haben hier an den astronomischen Mieten zu knabbern und müssen um ihre Kunden kämpfen.

Es sind genau zwei, die nicht knabbern: Hermès, und Louis Vuitton. Und es gibt einen signifikanten Zusammenhang. Der Preis. Bei Louis Vuitton und Hermès gibt es keine Rabatte. Eine Verkäuferin von Louis Vuitton sagt, es sei »sonst ungerecht, wenn ein Kunde heute eine Tasche hier kauft und zwei Monate später bekommt er mit, dass wir dieselbe Tasche 20 Prozent billiger verkaufen. Das können wir unseren Kunden nicht zumuten.« Das ist so bei Louis Vuitton und es ist so bei Hermès. Keine Rabatte, kaum jemals Sale, keine Outlets. Es sind die beiden einzigen, und es sind die besten.

Und jetzt sind wir wieder dran. Wie halten Sie es selbst mit Ihrer Gehaltsverhandlung? Oder umgekehrt, als Kunde. Machen Sie die Probe, fragen Sie Coaches und Berater nach Honorar, und Sie erfahren: »Kommt ganz darauf an.« Und Sie wissen, Sie haben es nicht mit Louis Vuitton zu tun und nicht mit Hermès. Mein Honorar sind mehrere tausend Euro pro Tag, ein ungerader Betrag, unverrückbar. Es gab seit Sommer 2015 keinen Tag, an dem ich für mehr oder weniger irgendwo war. Erhöhungen müssen regelmäßig und kontinuierlich sein; Sie können die Uhr danach stellen.

Natürlich, Sie sind keine Designermarke. Aber das Prinzip ist dasselbe: Wenn eine Arbeit einen definierten Wert hat, dann immer und für alle. Standardisierte Honorare sind gerecht. Denn was dem einen Klienten als absoluter Einsatz angeboten wird, muss in derselben Qualität für den nächsten bereit stehen. Zu viele winden sich aus diesen Prinzipien heraus. Ganz schlimm wird es, wenn irgendeine »Konjunktur« für Rabatte herhalten muss. Wenn Sie keine Mengen- und Skaleneffekte hinbekommen, verbieten sich Rabatte, denn Sie sind ja immer selbst engagiert und vervielfältigen sich nicht wie Industrieprodukte. Das authentisch gefühlte Honorar ist immer das falsche, das strategisch Geplante das Richtige. Lernen Sie daraus.

35 / Lernen Sie von den Staranwälten

Auftritt

Ein Mann greift zum Telefon. Er ist etwas älter, ein wenig beleibt, er lebt gut, ist gut gekleidet, er sieht gut aus oder er sah mal gut aus. Wir schreiben das Jahr 2011. Man kann es sich vorstellen, in welcher Not ein Mann ist, der fast französischer Staatspräsident geworden wäre. Aber in einem New Yorker Hotel soll er etwas Unschönes getan haben. Dominique ruft Benjamin an, Benjamin Brafman. Normalerweise machen die Büros einen Termin, aber so etwas wie jetzt machen nicht die Büros, das regeln die Chefs persönlich. Der Mann aus Europa mit diesem Riesenschlamassel sagt: »Ich brauche Hilfe.« Brafman darauf: »Ich wusste, dass Du anrufen würdest.« Beide sind sich noch nie begegnet, aber sie gehören zur selben Truppe. Beiden ging es im Leben immer um Geld, um sehr viel Geld.

Für viel Geld gibt es viel Auftritt. Authentisch ist hier nichts. Wie viel Rhetorik braucht es, um einen kriminellen Kunsthändler rauszupauken? In einem Fall waren es zehn Millionen Dollar. Derselbe Staranwalt hatte schon Puff Daddy aus dem Gefängnis geholt. Die Zielgruppe der Mandanten ist klar definiert, Brafman bekam von der New Yorker Kammer der Strafverteidiger den »Norman Ostrow Award für außerordentliche Leistungen« in der Kategorie »Weißkragen-Kriminalität« verliehen! Weißkragen-Kriminalität hat überhand genommen gegenüber der Kriminalität der kleinen Leute. Sie verlangt nach Experten, nach Leuten, die einen richtig guten Auftritt hinlegen. Es braucht solche wie Benjamin Brafman.

Was macht er besonders gut? Kennt er mehr Paragrafen? Nein. Er kennt die Menschen, er weiß, mit welchen Worten und Gesten er sie erreicht. Er weiß, wie er auftreten soll und wie er einen Eindruck macht, der authentisch und professionell zugleich ist. Er beherrscht die Mechanik der Eindrücke. Was macht Benjamin Brafman anders? Erstens: Er ist immer extrem gut vorbereitet und er kann Geschworene mit Witz und Eloquenz auf seine Seite ziehen – 1,68 Meter geballte Auftrittskraft. Er erklärt den Geschworenen: »Der Herr Staatsanwalt will, dass Sie ihm seine Geschichte abkaufen, und ich will 15 Zentimeter größer sein. Doch keiner von uns beiden wird seinen Wunsch erfüllt sehen.« Und das ist seine zweite wichtige Eigenschaft: Er ist nicht der Benny, der authentisch zeigt, was er denkt. Er spielt seine Rolle gut, er ist im richtigen Film.

So einen Weißkragen-Kriminalitäts-Experten hatte auch ein Weißkragen-Krimineller aus Bad Wiessee, der Präsident eines Super-Fußballvereins war. Und auch dessen Anwalt legte den besseren Auftritt hin. »Anwalt plädierte stehend«, das war die Artikelüberschrift der *WELT* zum Auftritt des Verteidigers: »In seinem Plädoyer machte der Wirtschaftsjurist ... deutlich, warum er sein sicherlich großzügiges Honorar wert ist, und warum er zu den besten seiner Zunft gezählt wird. Sein Plädoyer war frei gehalten, vor sich ein Sammelsurium an gelben Karteikarten und Spickzetteln. Er plädierte stehend, obwohl auch ihm der Richter erlaubt hat, sitzen zu bleiben, er sinnierte, gab sich nie anmaßend, dafür in Strecken demütig, ohne unnötige Schärfe ...« Als Höhepunkt der kategorische Zielsatz: Will der Staat wirklich einen Mann, der steuerehrlich werden wollte, wegen eines Formfehlers ins Gefängnis schicken? Ein Profi und seine Leistung war: nur 3,5 Jahre Gefängnis statt 5,5 Jahre, immerhin, und das gegen den Rest der Welt. Es hätte schlechter kommen können.

Der Anwalt musste auch gegen seinen Mandanten selbst sein, das gehörte zum Spiel. Jeder, der den Staranwalt kennt, weiß, dass ihm fast der Kragen geplatzt wäre – wäre er authentisch gewesen. Er war es nicht und sein Mandant, der Weißkragen-Kriminelle, hat nicht zuletzt dafür sehr viel Geld bezahlt.

Wenn man einen Staranwalt an der Seite hat, geht vieles leichter, aber für Sie muss es ohne gehen. Der professionelle Auftritt rettet Sie vor manchem Angriff. J. Robert Oppenheimer, der spätere Erfinder der Atombombe, brauchte keinen Anwalt oder er hatte noch nicht das Geld für einen, als an der Harvard University herauskam, dass er versucht hatte, seinen Doktorvater zu vergiften. Er musste sich einer Anhörung stellen und überzeugte dabei offenbar eine stattliche Anzahl von Professoren, sodass er auf Bewährung an der Universität weiter studieren konnte: Ein ungeheuerlicher Vorgang, der nur durch einen professionellen Auftritt zu erklären ist. Auf die versammelten Professoren muss Oppenheimer ziemlich authentisch gewirkt haben. Diejenige, die über die Fortsetzung seiner akademischen Karriere zu entscheiden hatten, müssen also den Eindruck völliger Authentizität gehabt haben. Dabei ging es nicht um eine Kleinigkeit, schließlich hatte er eine Mordanklage vermieden.

Ich bereite die Spitzen einiger, meist angelsächsischer Kanzleien auf Medienstatements und Plädoyers vor. Mindestens zwei von ihnen steht in London ein eigener Raum zur Verfügung, um Auftritte vor Gericht zu trainieren. Sie wissen, dass es immer auf den Eindruck auf jemand ankommt, auf eine Jury, Geschworene, eine Gruppe von Richtern. Recht haben genügt nicht, man muss auch Recht bekommen. Proben Sie Ihren Auftritt wie die Staranwälte.

36 / Machen Sie sich rar

Wert durch Abwesenheit

Gott genießt Ansehen, weil er sich rar macht. Er hat den perfektesten Auftritt. Auch Al Capone zu treffen war zu seinen Lebzeiten fast unmöglich. Weniger bedeutende Personen wie wir kommen mit dieser Taktik nicht durch. Wir haben es schwerer – und sollten deshalb die richtige Mixtur suchen.

Diese Mixtur liegt weit unterhalb des inzwischen üblich gewordenen Social-Media-Rauschens. Holm Friebe hat in seinem Buch *Die Stein-Strategie* darauf aufmerksam gemacht. Weil alle zu häufig vorkommen, gewinnt, wer sich entzieht. Das ist sehr schwer zu beherzigen, weil unser authentischer Reflex zur Äußerung neigt: »Das zeige ich dem aber gleich, da antworte ich sofort.« Heute ist ein Foto erst ein richtiges Foto, wenn es wenigstens einmal gepostet worden ist. Ich war niemals auf LinkedIn und etwa neun Tage auf Xing. Ich hatte sechs Freunde oder Interessenten: drei, die ich eigentlich nie mehr sehen wollte, und drei Kommunikationschefs von Unternehmen. Das Erste kann man verschmerzen, Letzteres ist schlimmer, man kann auf unsere Klienten schließen.

Wir glauben, der gelungene Auftritt verlange nach Wiederholung. Wir wollen mehr davon, wenn es klappt. Aber

Qualität schlägt schnell um in Quantität: Wer eben noch gefragt war, den kann man jetzt schon nicht mehr sehen. Je mehr Sie also die Frequenz Ihres Erscheinens steuern, desto mehr Wirkung erzielen Sie. Zeigen Sie sich nicht zu oft, gehen Sie nicht überall hin. Überlegen Sie sich gut, wo Sie fotografiert werden wollen, mit wem Sie auf einem Foto sind und wo es erscheint. Von den allermeisten Fotos wissen wir, dass sie überhaupt nicht hätten erscheinen geschweige denn aufgenommen werden sollen. Ich weiß, wovon ich spreche: Es gibt drei Fotos von mir, die ich gern im Netz sehen will, und es gibt leider deutlich mehr, die im Netz sind.

Wie bekommt man jemanden zum Reden? Indem man schweigt. In meinen ARD- und ZDF-Moderationsseminaren haben wir Taktiken zur Befragung von Studiogästen erprobt. Wir haben alles ausprobiert, Studien dazu gesucht – es gibt keine – und am Ende diese Taktik als die wirkungsvollste identifiziert. Kennen Sie Menschen, die gut schweigen können? Kann es sein, dass sie Ihren höchsten Respekt genießen? Auch sie könnten ja dem authentischen Reflex erliegen, aber sie tun es nicht, oftmals, weil sie sich Wirkung versprechen: Sie in die Defensive zu drängen, Sie dazu zu bringen, dass Sie reden – und oft tun Sie es und reden sich um Kopf und Kragen.

Es war immer schon eine probate Taktik, die anderen kommen zu lassen. Jede noch so kleine Verhandlung ist ein Beleg dafür. Die Nicht-Sendung jeglicher Nachricht schafft Macht. Nutzen Sie sie!

Wenn Sie es anschaulicher wollen: Wir können zum Beispiel aus Märchen lernen. Nur wer die drei Drachen tötet oder wer die sieben Rätsel löst, bekommt den Wunsch erfüllt. Machen Sie es ebenso. Nur wer diese oder jene Aufgabe löst, darf mit Ihnen sprechen, nur wer zum auserwählten Kreis gehört, darf Sie sehen. So haben Sie eine Begründung für jedes Nicht-Erschienen, für die anderen und für Sie selbst. Im Ernst: Geizen Sie mit Bild und Auftritt. Schalten Sie etwas zwischen sich und die Welt. Machen Sie sich rar.

37 / Nutzen Sie Details

Wirkung durch Konkretes

John F. Kennedy wurde erschossen, auf offener Straße im offenen Wagen bei Sonnenschein, wir haben die Bilder im Kopf. Das alles weiß fast jeder von uns. Manche kennen Filmausschnitte, in denen die Tat zu sehen war. Sicher wurde damals in den Nachrichten darüber berichtet und sicher gab es jede Menge öffentliche Erklärungen. Dem Präsidenten wurde in den Kopf geschossen. Doch wie wurde es kommuniziert? Schauen wir auf die ersten Minuten und Stunden nach dem Tod des Präsidenten.

Kennedys Nachfolger war gerade ein paar Minuten im Amt und wurde vom Pressesprecher des Weißen Hauses zum ersten Mal mit »Mister President« angesprochen. Lyndon B. Johnson also teilte es der Nation mit. Er sagte nicht, dass der Präsident tot sei, immerhin war dieser noch ein halbe Stunde vorher sein Chef gewesen. Er sagte nicht »tot« oder »erschossen«. Er sagte, was alle Übersetzungen verschweigen: »in his Brain«, in sein Gehirn wurde geschossen. Diese Detailtreue kann Zufall sein, aber sie hat Methode. Es war wohlüberlegt, es stand auf seinen Notizen.

Nicht nur der Präsident, auch die angeblich neutralen Nachrichtenleute in Fernsehen bauschen Details auf. Der legendäre CBS-Moderator Walter Croncite nahm ungefähr zur selben Zeit in seinem Studio cool die Brille vom Kopf. Er schaute ganz und gar unaufgeregt demonstrativ zu etwas auf, das wie eine Deckenuhr aussah. Die Kamera kam leicht von unten, was ihm etwas Nachdenkliches gab. Und Croncite sagte, dass gerade der Präsident erschossen worden sei. Das war sein Job, aber er fügte gleich danach ein Detail hinzu: »Exactly 38 Minutes ago«. Das war keine Nachricht, es war ein Theaterstück, das er vorab geprobt hatte – wohlgemerkt wenige Minuten, nachdem sein Präsident erschossen worden war! Er benutzte nur den realen Kennedy-Mord, um sein Stück aufzuführen, einen Film, der hieß: »Die Details« – von und mit President Johnson und Walter Croncite.

Details täuschen Authentizität vor, Authentizität II. Die Schilderung wird keineswegs authentischer oder gar wahrer durch die Nennung von Einzelheiten, aber Details inszenieren den Anschein von Authentizität. Dieses Verfahren wirkt vor allem dann, wenn es Widerstände oder Zweifel an der Glaubwürdigkeit gibt. Der Zeuge, der viele Details mitgebracht hat, gilt als glaubwürdiger. Authentischer wird das ganze dadurch nicht, aber wirksamer.

38 / Pflegen Sie Handschrift und Skizze

Wirkung durch Verwackelung

Als Martin Luther, der große Manipulator, seinen Ideen Wirkung verschaffen wollte, gab er ihnen ein Prinzip mit: Verwende eine einfache Sprache. Damals hieß das Umgangssprache, und eher deutsch statt lateinisch. Heute würde er dazu sagen: Schreibt handschriftlich!

Mit der Hand zu schreiben fördert die Kreativität. Studie aus 2014. Gefragt wurde: Sollten Kinder und Jugendliche mit der Hand schreiben? 94 Prozent sagten: ja.

Mit der Hand schreiben ist ein Prozess, der das Denken fördert. Die Erkenntnis. Hauptsache, man hält einen Stift in der Hand.

Wir schreiben fast ausschließlich mit Tastaturen. Inzwischen lernen alle die Handschrift zu schätzen. Wie alles eher Amateurhafte offenbar glaubwürdiger wirkt. Deshalb werden Bilder verwackelt, Kleidungsstücke zerrissen und hochwertige Gegenstände ramponiert. Das Handschriftliche wird gemocht. Dahingekritzelte Sätze sind Stilmittel des Pseudo-Authentischen, selbst dann, wenn sie kaum lesbar sind.

Kaum lesbar ist, anders kann man es nicht sagen, was ich selbst an Flipcharts schreibe. Zum einen Inhalte und Argumente, die ich mit Klienten entwickele, zum anderen aber auch methodische Grafiken – die ich längst in Büchern veröffentlicht habe. Das meist davon wird zusammengerollt mitgenommen. Weil wir es an dem Tag geschrieben haben; Gedrucktes kann jeder kaufen. Schreiben sie daher im Zweifel eher selbst etwas an eine Wand, als dass Sie Sätze aus Präsentationsprogrammen zeigen. Handschrift und Zeichnung sind wirkungsvoller: Sie erzeugen einen authentischen Eindruck.

39 / Überraschen Sie Ihre Umgebung

Uniform Bias

Wo immer Sie ankommen, werden Sie mit ganz konkreten Vorstellungen erwartet. Man nennt das Stereotype, immer gleiche Muster. Sie machen das Leben leicht, weil wir nicht jedes Detail betrachten müssen. Wir erwarten einen Professor und es kommt jemand herein, der sich genau so benimmt. Wir wissen, dass wir gleich mit einem Kellner sprechen werden, und er sagt genau das, was wir von einem Kellner erwarten. Die Schublade ist schon geöffnet, wir müssen unsere Mitmenschen nur noch hineintun. Daran ist aus Sicht derer, die die Schublade bedienen, nichts auszusetzen. Es ist nur so: Die Schublade wird geschlossen und man wendet sich anderen zu.

Wenn Sie das nicht wollen, müssen Sie aus dem Stereotyp heraus. Nutzen Sie eine alte Weisheit: Das Erwartete ist langweilig. Erst das Unerwartete schafft Aufmerksamkeit, alles, was besonders ist, genau dann, wenn es die Mischung aus Echt und Film unterstützt.

Wenn ich einen Auftritt vorbereite, versuche ich zugleich auch Vorschläge dazu mitzuliefern. Das gelingt nicht immer. Spitzenpersonal unterliegt dem Hang zur Uniformierung. Diesen Hang müssen wir einerseits durchbrechen, andererseits müssen wir aber auch streng im Film bleiben. Jemand, der eine Beratungsgesellschaft leitet, kann etwas farbiger gekleidet sein als ein angestellter Manager, er oder sie darf aber nicht zu bunt daherkommen.

Zurück zu unserem Alltag. Geben sie etwas hinzu, das das Stereotyp bricht. Es kann ein Detail der Kleidung sein, ein Gegenstand, eine besondere Bewegung. Wichtig ist, dass es anders ist. Im Idealfall erreichen Sie ein Art Stopp. Dieser *Procedure Breaker* verhindert die reibungslose Verarbeitung. Er stört den Prozess, der geradewegs in die Schublade führt. Irritieren Sie. Scheinen Sie authentisch!

40 / Definieren Sie, worüber Sie nicht reden wollen

Schweigen als Methode

Politiker bekommen oft gesagt, sie müssten in Peking unbedingt dieses oder jenes heikle Thema ansprechen. Oder in Moskau. Oder in Istanbul. (In den nächsten Jahren wird es übrigens Mode werden, Politiker zu fragen, ob sie diesen oder jenen Missstand beim Besuch des US-Präsidenten angesprochen hätten. So schnell kann's gehen.)

Politiker, die richtig guten, erkennt man allerdings nicht nur an den Themen, über die sie gesprochen haben. Sondern daran, worüber sie nicht gesprochen haben. Politprofis wissen,

1. über welche Punkte sie *nicht* sprechen;
2. mit wem sie darüber sprechen, was besprochen und was nicht besprochen wurde. Man sollte Politikern nicht alles abschauen, aber das ganz sicher.

»Gut, dass wir darüber gesprochen haben!« Das Sprechen über bestimmte Sachverhalte oder Streitfragen war lange ein Wert an sich, ausschließlich positiv besetzt, heilsam: Reden als Methode. Doch es gibt auch jede Menge Situationen, in denen man besser sagen sollte: »Gut, dass wir nicht darüber gesprochen haben!« Die sind interessanter.

Ein deutscher Spitzenmanager hält auf einer Promotionsfeier eine Rede. Seine Gattin sitzt im Publikum. »Meine Frau ist jetzt auch da, da drüben sitzt sie!«, beginnt er einen Exkurs. Bis dahin ist alles fein.

Aber dann sagt der Redner: »Sie wollte ursprünglich auch promovieren. Dann kamen die Kinder, das alles, Sie wissen, wie das ist. Obwohl, dann waren die Kinder aus dem Haus, na ja, sie hätte dann noch – aber das weiß man nie, da müsste ich noch mal fragen ...« Ein »ehrliches Wort« versandet in Peinlichkeit. Wie so viele ehrliche Worte.

Wer öffentlich spricht, muss die Themen kennen, über die man besser nicht spricht. Wer rhetorische Wirkung will, muss aber auch Themen vermeiden können. Es kann sogar wirtschaftlich relevant sein, über etwas nicht zu sprechen. Wer die Themen, die Issues setzt, bestimmt, worüber gesprochen wird.

Das ist gerade dann am schwersten, wenn wir mit allgemeinen Reizwörtern konfrontiert werden, vor allem von Personen, die situationsmächtige Fragen stellen – zum Beispiel Journalisten auf einer Pressekonferenz. Wer in einem solchen Setting kritisch angesprochen wird, kontert oft allzu schnell – und setzt damit genau die Themen in die Welt, die er eigentlich gar nicht haben möchte. »Es gibt kein Risiko.« »Von ›Versagen‹ würde ich nicht sprechen.«

»Wir haben keineswegs eine falsche Entscheidung getroffen.« Und so weiter.

Gefährlich sind auch die Namen realer Personen, wenn sie in einem Kontext fallen, mit dem sie besser nicht in Verbindung gebracht werden sollten. Oder wenn damit eine negative Wertung verbunden sein könnte. Der Name des Chefs ist oft besonders heikel. Und erst recht sind Namen von Konkurrenten eher kleine Bomben, die explodieren.

Nicht-Themen sind die wichtigen Themen

Die Nicht-Themen sind häufig die wichtigeren Themen. Mit ihnen beschäftigen sich Berater öfter als mit den Themen, über die unbedingt gesprochen werden soll. Dazu braucht man nicht Rhetorik, Kommunikationswissenschaft oder Sprechwissenschaft studiert zu haben, das weiß schon der Volksmund. Gemeinsamkeit ist die Voraussetzung jeder rhetorischen Wirkung. Sie entsteht besonders nachhaltig dann, wenn Leute über bestimmte Reizthemen nicht gesprochen haben. Als hätte es den jüngsten CSU-Parteitag nur gegeben um diese hübsche These zu illustrieren: Gut das wir nicht darüber gesprochen haben! Seehofer und Söder hassen einander, aber gut, dass niemand darüber gesprochen hat. Hier ist Schweigen Nicht-Einverständnis.

Oft aber ist der Satz »Brauch' mer nich reden!« im Gegenteil Einverständnis – die Krone jeder Kommunikation. Ein Strategieberater hat ein Indien-Projekt zu verkaufen in einem dieser Sieg-oder Sibirien-Pitches. Anstelle der 32 Charts, die zu solchen Anlässen gleich zu Anfang aufgelegt werden – »selbsterklärend!« –, sucht er erst Zugang zum Klienten. Zugang entsteht eben oft nicht in Themen, sondern in inhaltsloser Gemeinsamkeit. Wir entwickelten folgende Strategie. Als der Klient zur Tür herein kommt, sagt der Berater »Über Indien brauch ich Ihnen nichts zu erzählen!«

Nicht darüber reden müssen, so was schafft Zugang, so was schmiedet zusammen, mehr als alle 32 Charts – die natürlich dann auch noch diskutiert wurden. Als der Klient schon entschieden hatte. Ob die Beratungsgesellschaft der den Auftrag bekam, verrate ich nicht, aber es könnte schon sein.

Es gibt eine ganze Reihe von Bereichen, die vor Kunden oder der eigenen Belegschaft tabu sein sollten, vor Journalisten sowieso. Andernfalls könnte es gefährlich oder teuer werden. Die eigenen Kinder gehören dazu, ebenso Partner und Ex-Partner jeder Art, ehemalige Kollegen, Jobs, die man nicht bekommen hat. Was wie viel gekostet hat, geht niemanden etwas an, auch nicht, wo man es gekauft hat. Über Verluste jeder Art sollte man besser schweigen – oft gilt das auch für Gewinne. Die Liste ist lang. Und sie ist höchst individuell. Machen Sie sich Gedanken darüber, welche Tabuthemen auf Ihrer ganz persönlichen Liste stehen sollten. Und halten Sie sich anschließend daran.

Wie bei vielen Verhaltensregeln kann manchmal aber auch das Gegenteil richtig sein. Es gibt Themen, über die man sprechen muss – weil Schweigen an der falschen Stelle gefährlich sein kann. Oft für die anderen. Damit sind wir zurück bei den Politikern. Als sich 1968 die deutsche Regierung partout weigerte, mit dem Schah von Persien über dies und jenes zu sprechen, gab es einige Großdemonstrationen. Als die eine zu Ende war, war einer tot.

41 / Wenn etwas schiefläuft, ändern Sie die Kennung

Keine Spuren

Eine Fluggesellschaft änderte eines Tages die Flugnummer eines täglichen Fluges von Kuala Lumpur nach Peking. Die Verbindung hat seit dem 15. März 2014 die Nummer MH318. Jahrelang lautete die Flugnummer MH370. Mit dieser Flugnummer war die Boeing 777 mit 239 Menschen an Bord nur wenige Tage zuvor auf dem Weg von Kuala Lumpur nach Peking spurlos verschwunden.

Die Kennung ändern, noch bevor auch nur eine Spur des Flugzeuges gefunden wurde – bis zu diesem Zeitpunkt war nicht mal ein Trümmerteil aufgetaucht geschweige ein Opfer benannt –, dazu gehört etwas. Mag Malaysia Airlines auch bei den Sicherheitsvorkehrungen geschlampt haben – Passagiere mit gestohlenen Pässen wurden an Bord gelassen, fehlende Kontrollen –, bei der professionellen Herstellung des Eindrucks waren sie wirklich gut.

Nicht authentisch alles so lassen, »wie es ist«, sondern an die Folgen denken, das war die Devise der Malaysia-Airlines-Manager, und sie lagen richtig. Eine Flugnummer, die mit so vielen Schicksalen verbunden ist, will niemand auch nur auf einen Zettel schreiben geschweige seinen Freunden am Telefon durchgeben. Wenn Sie solche fatalen Fehler machen wie Malaysia Airlines vor dem Absturz, dann handeln Sie so wie Malaysia Airlines nach dem Absturz. Lassen Sie möglichst nichts Authentisches zurück und ändern sie die Kennung.

42 / Arbeiten Sie am authentischen Eindruck

Vorbereitung

Seit US-amerikanische Präsidenten begonnen haben, ihre Coaches auf Partys vorzuzeigen, hat sich viel verändert. Menschen, die etwas bewegen, sind zunehmend stolz darauf, sich anleiten zu lassen. Selbst ganz simples »Speech Coaching«, das mancher mittelmäßige deutsche Manager nun wirklich nicht nötig zu haben glaubt, wird zunehmend als selbstverständlich akzeptiert. Es gehört dazu, wenn man auch nur irgendetwas erreichen will.

Ein Vorstand eines DAX30-Unternehmens musste sich eines Tages auf eine Anhörung im US-Kongress in Washington vorbereiten. Wir hatten schon einige Reden und Antworten hinter uns, aber ein solcher Auftritt ist schon etwas Besonderes. Also schickte ich meinen Klienten zu einem der prominentesten USA-Coaches. Wer das Büro des Rhetorik-Coaches von Clinton und Obama in Washington betritt, sieht ein riesiges Schwarzweiß-Foto an der Wand, darauf ein Präsident der USA, der seine Rede einübt, in Jeans, mit Filzpantinen an den Füßen. Vor dem Foto stehend fragte ich: »Warum zeigt Ihr das offen, sogar auf der Website?« Niemand verstand die Frage. Für Bill ist das kein Problem, in der angelsächsischen Welt ist es ohnehin keines. Kein Problem, dass man gecoacht wird, dass man lernt. Warum auch nicht? Schließlich kennt jeder den Zusammenhang von Eindruck und Erfolg. Coaching ist nichts Schlechtes, jeder kann darüber sprechen, vielleicht muss man es sogar. Als wir zum ersten Mal dort waren, lief gerade der Nominierungswahlkampf, den Obama später gewann. Sie bereiteten Hillary Clinton auf einen Auftritt vor. Über ihren Mann sagten sie: »Bill is speaking from the heart.« Und sie meinten: Wir haben es geschafft, es so aussehen zu lassen. Ich fragte: »Und Hillary?« Sie habe keines, hieß es, aber das mache nichts. Wichtig sei ja, dass es so scheint.

Wenn Sie Vorbilder in Sachen Lernfähigkeit suchen, dann suchen Sie diese lieber nicht unter den TV-Journalisten auf einer öffentlich-rechtlichen Mattscheibe. Schuld daran sind aber nicht die Personen, es gibt genug gute in den Sendern. Schuld am schlechten Eindruck sind erstens schlechte Vorbereitung – es werden Texte geschrieben und vorgelesen – und zweitens der falsche Film. Öffentlich-rechtliche Sender fördern den Gesinnungsschmus in den Köpfen: Ich, ARD- oder ZDF-Journalist, bin auf der guten Seite und weiß, wie es eigentlich gemacht werden sollte. Wer den *heute-journal*-Journalisten Claus Kleber gesehen hat, wie er in Teheran Mahmud Ahmadinedschad gegenübersaß, in dem wichtigsten Interview seines Lebens, ohne ausreichende Vorbereitung, der weiß, was ich meine. Der Top-Journalist ohne Plan B, fast will man sagen: ohne Plan A. Er reagiert, wie man eben aus dem Bauch reagiert. Er hat eine Liste von Fragen. Es geht aber nicht um Fragen, es geht um Argumentationen. Und so lässt er sich in der erste Minute des Interviews das Ruder aus der Hand nehmen: Ahmadinedschad beginnt, ihm die Fragen zu stellen. Kleber antwortet tatsächlich ganz authentisch. Er spricht eine drohende Kriegsgefahr an, Ahmadinedschad fragt zurück: »Welche Kriegsgefahr – von welcher Seite und warum droht Krieg?« Kleber: »Sie wissen so gut wie ich, dass Israel mit einem Angriff droht, wenn sich die Frage des Nuklearprogramms nicht anders lösen lässt.« Ahmadinedschad: »Zeigen die Zionisten Klarheit und Transparenz in ihrer Nuklearfrage? Sie haben mehr als 250 atomare Sprengköpfe! Ist das kein Problem, wenn sie so ausgestattet sind?« Kleber: »Israel gehört nicht zum Atomwaffensperrvertrag. Es hat keine vertragliche Verpflichtung, das offenzulegen. Iran hat diese Verpflichtung.« Ahmadinedschad: »Das heißt, jeder der nicht Mitglied von dem Vertrag ist, ist frei zu tun, was er will?« Kleber: »So ist das wohl.« Der ganze ideologische Popanz fällt in sich zusammen. Sollen wir sagen: Gut, dass der Fernsehmann authentisch war, so sieht das deutsche Fernsehpublikum, wie das deutsche Fernsehen ist? Ich weiß nicht recht.

43 / Seien Sie auf alles gefasst

Krisen-Alert

Wir alle kennen Fälle, in denen in Politik und Wirtschaft etwas schiefläuft, etwas aufgedeckt wird. Es ging schief, weil Regeln nicht beachtet wurden und weil die Haltung die falsche war – und weil die Akteure im falschen Film waren. Weil die Manager nicht wussten, was sie wollten. Weil sie sich nicht klargemacht haben, zu wem sie sprechen und was sie bezwecken. Vor allem aber galt, dass die handelnden/redenden Personen die Folgen unterschätzt haben.

Wenn die Akteure unglücklich agieren, dann oft, weil sie allzu authentisch sind. Wer dem authentischen Reflex erliegt, vergrößert oft den Schaden. Damit das nicht geschieht, brauchen Sie eine Haltung für alle Fälle – und klare Regeln für solche Krisen.

Worte fehlen oft gerade dann, wenn sie nötig sind. Diese Erfahrung machen wir regelmäßig und immer bekommen wir Probleme, weil wir nicht auf kritische Situationen, Unglücks- und Compliance-Fälle, aber auch scheinbar harmlose Überraschungen vorbereitet sind. Wenn wir es recht bedenken, kommt eine Situation oft gar nicht so plötzlich, und im Nachhinein wissen wir: Es wäre durchaus genug Zeit gewesen, sich darauf vorzubereiten.

Sie brauchen vor allem eine Haltung, die authentisch und professionell zugleich ist. Eine Haltung findet man in Extremsituationen niemals intuitiv, da genügt nicht irgendein Bauchgefühl. In Extremsituationen brauchen Sie einen Plan: Wer? Zu Wem? Mit welchem Ziel? Erst aus dem Plan lässt sich die Rolle ableiten und im nächsten Schritt kann geklärt werden, was zu sagen ist. Ohne Haltung geht das nicht gut.

Eine systematische Vorbereitung kostet Zeit, aber auch die schnelle Reaktion muss möglich sein. Die wichtigsten Regeln:

1. Im Sprachstil nach unten: einfacher, mündlicher Stil.
2. Dem authentischen Reflex widerstehen: nicht gleich abstreiten.
3. Weg von juristischen Formulierungen (»laufendes Verfahren«, »staatsanwaltliche Ermittlungen«).
4. Einen Zugangssatz an den Anfang setzen, nicht erst die »Tatsachen«.
5. Keine fremden Sprachregelungen (Q&A), die mit den jeweilig Redenden nicht abgestimmt sind. Kein Spitzen-

manager spricht Q&A. Die Statements müssen Sie selbst erarbeiten!

44 / Erkennen Sie die Fettnäpfchen

Correctness

In einem der Frankfurter Bankentürme, lange vor der Krise, traf ich mich mit einem Klienten zu einem Meeting. Es gab damals ganz weit oben spezielles Bedienpersonal, eine Art weiß gekleidete Lakaien. Als ein Servierwagen vorbeifuhr, nahm ich ein oder zwei Kekse. Nie vergesse ich das entsetzte Gesicht, diesen stummen Schrei und den Versuch der Bedienung, diesen Fauxpas in Worte zu fassen: »Vorstandskekse!« Normale Kekse, kein Problem, aber Vorstandskekse?

Diese Episode blieb ohne Folgen für die Arbeitsbeziehung, geblieben sind nur die Erinnerung daran und zwei Einsichten. Erstens: Im Hotel lässt es sich besser arbeiten. Dort ist man Kunde und darf, wenn man möchte, auch alle Kekse nehmen. Und zweitens vor allem: Ich muss versuchen, jedes Fettnäpfchen schon von Weitem zu erkennen. So authentisch wie in dieser Situation wollte ich nie mehr sein, schon gar nicht in der Nähe des obersten Stockwerks.

Der allzu Authentische verletzt Regeln. Das ist in Ordnung, solange es im Rahmen bleibt. Oft aber warten Fallen, die sogenannten Fettnäpfchen. Die allzu Authentischen scheitern, weil die die glauben, mit dem auszukommen, was ihnen spontan einfällt. Die nicht nur Authentischen erkennen und umgehen sie.

»Es schmeckt genau wie Coca-Cola!«, sagte ein georgischer Regierungschef, nachdem er im Blitzlichtgewitter die erste Flasche geleert hatte. Er hatte in der Hauptstadt Tiflis gerade eine Abfüllanlage eingeweiht. Es war eine Pepsi-Abfüllanlage.

45 / Kleiden Sie sich schon für Ihren nächsten Job

manageroutfit.com

Kleidung ist keine Privatangelegenheit. Sie kann authentisch wirken, aber »authentisch« zu Ihnen gehören kann sie nicht – weil sie von außen kommt. Kleidung kann jedoch dabei helfen, authentisch zu scheinen. Sie kann inszenieren, so als ob es authentisch ist. Kleidung ist so gesehen eine Metapher für das ganze Buch.

Einem »Dahergelaufenen« würden Sie eher kein Vertrauen schenken. Jeder unterschreibt das. Trotzdem verteidigen die dahergelaufen Angezogenen mit den bizarrsten Argumenten, dass gerade sie nicht passend angezogen sein müssen. Jemand macht sich nicht die Mühe, seine Kleidung attraktiv an sein Umfeld anzupassen. Es ist ihr oder ihm egal. Das ist Authentisch I, authentisch sein.

Und wieder begegnen wir dem Paradox des Authentischen. Den authentischsten Schein schaffen offenbar die unattraktivsten Kleidungsstücke, weil sie gerade nicht inszeniert aussehen. Jack Wolfskin ist aber nicht authentisch; eher das Ergebnis cleverster Markenarbeit und unterscheidet sich von Gucci nur durch seine Unansehnlichkeit. Authentischer ist Überlebenskleidung nicht, wie es auch nicht authentisch ist, ungepflegt herumzulaufen. The North Face ist ganz weit vorne. Andere Marken wie Mammut toppen das ganz hart.

Wenn Sie nur für sich selbst stehen, ist das alles kein Problem, schwieriger wird es, wenn Sie für etwas anderes stehen. Dann führt der Versuch, authentisch in Bezug auf sich selbst zu sein, in die Irre. Sie müssen eher im Sinne des Arbeitgebers authentisch scheinen.

»Meine Frau hängt mir morgens schon das Richtige raus.« Aber woher weiß die Frau, was die Markenwerte des Unternehmens sind, das vertreten werden soll? Dafür gibt es Dresscode-Beratung. Sie ist keine Privatangelegenheit. Bei Spitzenmanagern, Politikern und Spitzensportlern gehört der Dress zur integrierten Auftrittsberatung unbedingt dazu. Dummerweise hat manche »Imageberatung« selbst kein gutes Image, man stellt sich Damen mit bunten Tüchern vor, die einen in Herbst- und Wintertypen einteilt. Professionelle Berater haben das erkannt. Es geht, wenn Sie etwas erreichen wollen, um eine Balance aus »Dress, der zu Ihnen passt, und der Marke«. Heute sind Profis am Werk, die zusammen mit Markenberatern Bekleidung zielgerecht komponieren.

Bei »manageroutfit.de« können wir lesen: Den professionellen Dress machen drei Dinge aus: 1. Wie Sie sind (Individualität), 2. wofür Sie stehen (Marke) und 3. die Situationen, in die Sie geraten (Dress-»Codes«). Nur wenn diese drei Dinge zusammenpassen, stimmt die Erscheinung, wenn es passt, scheint es authentisch. Ist es also in Ordnung, wenn die Ehefrau ihrem Mann weiter morgens etwas heraushängt? Wenn man sich deutsche Durchschnitts-Manager anschaut, lautet die Antwort in den meisten Fällen: Nein!

46 / Inszenieren Sie sich als schwach

Minuszeichen

Die Umfragewerte für Bill Clinton gingen in den 90er-Jahren bedenklich in den Keller: 33 Prozent. Zum Vergleich: Bei Obamas Tief Mitte 2013 lagen sie immerhin noch bei 45 Prozent, Ronald Reagan und Bush sen. hatten selten unter 60 Prozent. Die Affäre mit einer Praktikantin war an die Öffentlichkeit gelangt. Clinton fehlte wie jedem Politiker die Nähe und der Zugang und nun mangelte es ihm auch noch an Glaubwürdigkeit. Es gab keine mehr Voraussetzungen dafür, dass man ihm noch ein Stück Brot abkaufte.

Auf Glaubwürdigkeit gab es kaum eine Chance, nachdem er das Oval Office entweiht hatte. Nähe und Zugang kann man jedoch herstellen. Nähe stellt man her, indem man sich ähnlich präsentiert wie die, die man erreichen möchte. Man macht sich beispielsweise kleiner und schwächer. Dafür gab es einen Plan. Bill Clintons Berater erzählten mir mit Stolz von dieser Phase. Sie kreierten und probten mit ihm Statements und Auftritte, die ihn schwach zeigten. Er sprach von seiner schweren Kindheit und von seinen Zweifeln, er hatte die richtigen Formeln dafür. Die Umfragewerte stiegen danach auf Werte zwischen 75 und 80 Prozent.

Erfolg zieht Widerstand an. Haben Sie einen guten Lauf, bringen Sie Konkurrenten oder Widersacher auf so manchen dummen Gedanken. Ganz authentisch wollen wir allen unsere Stärke zeigen. Das aber macht oft eine Menge Ärger. Versuchen Sie es mit dem Gegenteil.

Sich als schwach zu inszenieren bringt eine Menge Vorteile. Der Grund: Feinde schrecken vor Angriffen zurück. Wer taumelt, braucht nicht mehr niedergeschlagen zu werden. Wenn Sie sich als schwach inszenieren, brauchen Sie manche Gegenmaßnahme nicht zu fürchten.

47 / Inszenieren Sie sich als stark

Pluszeichen

Wie so oft trifft in ganz anderen Situationen wieder das Gegenteil zu. Dann kommt es gerade darauf an, stark zu scheinen.

Im 15. Jahrhundert gab es in Florenz einen jungen Philosophen, er hieß Niccolò Machiavelli. Heute wäre er der Prototyp des Beraters – eine Art Spin Doctor, Politikberater oder Management-Guru. Ein Thema seines bekanntesten Buches *Il Principe (Der Fürst)*: Wie schafft es der Fürst, akzeptiert und respektiert zu werden? Machiavelli schrieb, um respektiert zu werden, müsse man geliebt oder gefürchtet werden. Wenn er wählen müsse, entschiede er sich dafür, gefürchtet zu werden, vielleicht, weil es länger vorhält, vielleicht auch, weil die Wirkung größer ist. Damit beriet er die Medici und wie es bei vielen Beratern so ist: Sein Rat wurde nicht immer angenommen. Die Medici hielten sich lange an der Macht, bis zum Jahr 1527. Der zuvor freie Berater bewarb sich nach dem Abtritt der Medici um eine Sekretärsstelle, wurde aber auf der Sitzung des Großen

Rates abgelehnt – der Nachteil der Demokratie, zu viele Bedenkenträger, vorher brauchte er nur eine einzige Person zu fragen. Elf Tage nach dieser Absage starb Machiavelli; der Consultant überlebte die Herrschaft seines Klienten nur kurz.

Larissa Tiedens hat ein Thema: Es ist der Eindruck, die Wirkung von Menschen in Organisationen. Sie befasst sich mit der Beziehung zwischen ausgedrückten Gefühlen und wahrgenommener Macht. Die Sozialpsychologin der Stanford University hat herausgefunden, dass Menschen, die ihrem Ärger Luft machen, als dominant, stark und sogar kompetent erfahren werden. Von mächtigeren Menschen wird erwartet, dass sie in schwierigen Situationen zum Beispiel nicht traurig werden, sondern eben zornig. Sie führte drei Studien durch, die allesamt dieses Klischee bestätigten.

Die Forscherin untersuchte zunächst die Wirkung von Videos von Bill Clinton auf Versuchspersonen. In einem Clip wirkte er aufgebracht, in einem anderen ließ er den Kopf hängen. Das Ergebnis: Der aufgebrachte Clinton wirkte stärker. Einen Schauspieler ließ sie eine politische Rede einmal bedrückt und einmal zornig halten. Ihre Probanden gaben an, sie würden eher dem »künstlich Aufgeregten« ihre Stimme geben und nicht dem Bedrückten. Das könnte uns nun wieder bedrücken, aber wir sollten es auf alle Fälle zur Kenntnis nehmen. Sollten wir uns vielleicht doch manchmal etwas aufschäumen, um stark zu scheinen, obwohl wir authentisch gar nicht so sind, obwohl uns gerade nicht danach ist?

48 / Regen Sie sich künstlich auf

Wutrede

Respekt braucht Sichtbarkeit. Manchmal braucht Respekt sogar Theatralik. Hinzu kommt: Unberechenbarkeit zählt zu den wenigen Eigenschaften, die Respekt verschaffen. Es gibt etwas, das beides verbindet: der cholerische Ausbruch. Er ist deshalb so wirkungsvoll, weil er theatralisch ist. Wir laufen rot an, eine Zornesfalte wird sichtbar, die Halsschlagader schwillt an, die Faust schlägt auf den Tisch. Der Sabber läuft, und man sagt Sachen, die man besser nicht gesagt hätte.

Ist die Aktion nicht authentisch, ad hoc, aus dem Moment heraus entstanden, hat man die Theatralik bereits besser im Griff. Sie kennen sicher gut inszenierte Ausbrüche. Der Darsteller der Pose ist nicht authentisch in diesem Moment erregt. Oft ist das Gegenteil der Fall: Zorn, wo Verzagtheit herrscht, Empörung trotz Einsicht und Gleichmut. Es ist gut gespielt. Wir nennen das »sich künstlich aufregen«. Diese Methode des Auftritts ist inzwischen ein fester Topos des Miteinanderlebens. Erst wenn künstliche Aufregung durchschaut wird, wird sie als künstlich oder nicht authentisch wahrgenommen. Dann ist die Wirkung dahin. Bleibt sie dagegen undurchschaut, erzielt sie die beste Wirkung.

Selbst wenn der Darsteller am Ende sagt: »So, das hat jetzt Spaß gemacht!«. Ohne dieses kleine Kapitel aus der Hardcover-Ausgabe zu kennen, er las es erst später, wurde genau das dargestellt in einem Kabinettstückchen, in einem Highlight der parlamentarischen Rhetorik. Nicht nur weil es unterhaltsam war, da gibt es andere Passagen des Redners, sondern weil es eine wunderbare Mischung aus authentisch und nicht authentisch war, in dieser Reihenfolge. Christian Lindners Wutrede im Düsseldorfer Landtag am 29. Januar 2015: Ein SPD-Abgeordneter hatte einen Zwischenruf zum Lindner-Konkurs viele Jahre vorher gemacht, nachdem »Gründung« Thema im Landtag war. Lindner am Pult: »Ach, sieh mal einer an. Da haben sie einen in Ihren eigene Reihen, Frau Ministerpräsidentin, der nicht zuhört was Sie sagen ...« und zu dem Rufer: »Sie haben mit Ihrem dämlichen Zwischenruf die ganze Regierungserklärung der Ministerpräsidentin zu Makulatur gemacht!« Und dann holt er – im Wechsel von nur-authentischem Zorn und inszenierter Show – alles rhetorische Können heraus zu einer kleinen Inszenierung, die gipfelte in dem Satz – mit allen Posen vom Jackett Aufknöpfen bis raumgreifender Gestik: »Was soll so ein junger Mensch zu so einem dümmlichen Zwischenruf denken?« Erst wirklich aufgeregt, aber dann rhetorisch geformt. Ganz groß.

Solche Auftritte sind wirkungsvoll, gerade weil sie nicht nur authentisch sind, weil sie das Gegenteil des authentischen Reflexes sind. Und die Distanz lässt uns den Ausbruch umso sicherer kontrollieren. Gerade weil der sich Aufregende sich eben nicht authentisch, sondern künstlich aufregt, erzielt er Wirkung. Dazu sollten Sie sich an reale Gefühle erinnern, Momente, in denen Sie authentisch erregt waren.

Manchmal ist ein Ausbruch angebracht: ein erhobener Finger, ein Gegenstand, ein Glas, das zu Boden geht, ein Fehdehandschuh, der geworfen wird. Aber nicht nur extensives Gebaren, auch Intensives kann dieselbe Wirkung haben. Oft erzeugt sehr leises Sprechen größere Wirkung: Eindringlichkeit verstärkt die Aussage. Doch ob extensiv oder intensiv, bedenken Sie: Das Stück darf nicht zu oft aufgeführt werden.

49 / Zeigen Sie Wertschätzung

Access is Basic

Nicht immer ist einem nach wertschätzender Kommunikation zumute, schon gar nicht Feinden gegenüber. Das macht aber nichts, denn ob die Wertschätzung in der jeweiligen Situation authentisch ist oder nicht, ist schwerlich zu unterscheiden. Oft ist es für den Wertgeschätzten nicht einmal wichtig. Wichtig ist nur, dass Wertschätzung gezeigt, erwiesen wird.

Irgendwo hatte ich etwas über Patientenklagen gegen Ärzte gelesen, konkret zu der Frage, warum geklagt wird und gegen welche Art Ärzte. Ich wollte es genauer wissen und ging zu Claudia Nelleßen. Sie vertritt Menschen, die beabsichtigen, ihre Ärzte zu verklagen. Sie ist eigentlich Anwältin, aber manchmal fühlt sie sich wie eine Psychotherapeutin und das hat einen Grund. Wenn sie sich die Geschichten ihrer Mandanten anhört und deren Akten anschaut, dann ist ihre Beobachtung: Es werden nicht jene Ärzte verklagt, die viele Behandlungsfehler machen. Im Gegenteil, es trifft oft diejenigen Kollegen, die eher weniger Fehler machen. Die Ärzte, die verklagt werden, haben eines gemeinsam: Sie haben einen schlechten Eindruck gemacht. Sie gingen nicht auf ihre Patientinnen oder Patienten ein. Sie hatten keinen Zugang. Eine Patientin, die sagt: »Ich wurde nicht richtig aufgeklärt, danach haben alle geschwiegen«, wird ihren Arzt verklagen, sobald sich eine Gelegenheit dazu bietet. Ein Arzt, der Sätze sagt wie: »Jetzt sprechen wir ganz genau über alles«, »Wir wollen doch, dass es auch gut wird«, »Mein Prinzip ist: Wenn Sie gehen, sollen Sie gesünder sein, als Sie reingekommen sind«, »Sie können sich das in Ruhe überlegen« oder »Sie sind doch eine junge Frau und haben noch einiges vor!«, kann einigermaßen sicher sein, dass ein Fehler verziehen wird. Er hatte Zugang zum Patienten. Ärzte, die mit Wertschätzung auf Patienten zugehen, werden seltener verklagt.

Wir blicken auf viele Jahrhunderte voller Rituale des Respekts zurück. Die Wertschätzungsrituale in Situationen ganz ohne authentische Wertschätzungslust haben ihren Sinn. Sie haben Kriege verhindert und manche Verwicklung beigelegt. Und oft dabei handelte jemand gegen seine authentische Überzeugung, nicht selten taten das sogar beide Seiten.

Als Barack Obama 2008 erstmalig gewählt wurde, richtete er ziemlich zu Anfang seiner ersten Dankesrede am Wahlabend einige Worte an seinen politischen Gegner. Es war das dritte Modul der Rede: »Etwas früher an diesem Abend bekam ich einen außergewöhnlich freundlichen Anruf von Senator McCain. Senator McCain hat lange und hart in diesem Wahlkampf gekämpft. Und er hat noch länger und härter für das Land gekämpft, das er liebt. Er hat Opfer für Amerika ertragen, die sich die meisten von uns noch nicht einmal im Ansatz vorstellen können.«

Der iranische Dichter Al-Rumi sagte vor fast 800 Jahren: »Jenseits von richtig und falsch gibt es ein Feld, auf dem ich Dich treffe.« Auch der Gegner verdient Wertschätzung.

Obwohl man authentisch oft recht behalten will: Nicht authentisch sein kann weise sein. Respekt zeigen heißt konkret, Formulierungen des Respekts parat zu haben. Angelsächsische Schüler lernen das früh, deutschsprachige müssen es nachholen. Doch was sagt man? Einige Beispiele gefällig? »Besser könnte ich es nicht sagen.« »Sie sagen es!« »Ich schätze Sie sehr.« »Sie werden das schaffen.« »Ihre Art hilft da sehr.«

Die beste Methode, Wertschätzung zu zeigen, ist die nicht-authentische. Sie lügen. Sie attestieren dem andern öffentlich oder unter vier Augen eine positive Eigenschaft, die sie oder er gar nicht hat. Seien Sie sicher, sie oder er wird danach streben, diese Eigenschaft zu entwickeln. Sie oder er wird Sie als ganz authentisch empfinden, wenn Sie das sagen.

In ein Outlet-Center kommt ein Mann Ende 40. Freundlich-bestimmt, einigermaßen angezogen, unauffällig. Er hatte sich Bargeld mitgenommen, aber nicht zu viel, damit er nicht unvernünftig kauft, und das Geld war natürlich bald aufgebraucht. Er will also nach Hause fahren, aber er kommt ganz zum Schluss in einem Laden vorbei, in dem es eine Jacke gibt, die ihm gefällt, 99 statt 499 Euro. Es ist Samstag, es ist voll, Wühltisch-Atmosphäre. Er sieht an der Kasse drei Verkäuferinnen und wendet sich an die älteste der drei. Er beginnt zu sprechen, freundlich, mit warmer Stimme, zugewandt, wertschätzend, mit Formeln wie »Ich wusste, dass Sie das schaffen!«, immer gemischt mit »wir«: »Wir beide schaffen das.« »Wir kriegen das hin, da brauchen Sie ja jetzt nur noch was eintippen.« »Da brauchen wir beide ja jetzt nur die Nummer einzutippen.« – »Was, Sie haben die Kreditkarte nicht dabei?« und

»Sie haben die Nummer im Kopf?«, fragt die Frau an der Kasse. »Natürlich, ich buche ja jeden Tag die Hotels und die Flüge mit der Karte.« »Bei Hotels gibt es das jeden Tag tausend Mal, in Geschäften kommt es nicht so oft vor« und »Natürlich, dafür ist sie doch da, dafür heißt sie doch Kreditkarte! – Mit Hotels und Flügen geht das ja auch so und die buchen ja auch ab.«

Dieser Mann war ich. Ich fuhr fort, so als habe sie und nicht ich ein Problem – das ich lösen kann: »Kein Problem, kann ich verstehen, Sie gehen ja nicht jeden Tag damit um.« Und: »Na klar, das geht, man muss es ja irgendwie eintippen können.« Immer wieder sagte ich Sätze wie »Wir kriegen das hin.« Selbst leichte Übertreibungen waren eingeflochten. Ich entblödete mich nicht, mehrfach zu sagen: »Sie sind super!« »Toll!« Auch kleine Bewertungen waren offenbar hilfreich. »Ist doch richtig, wenn man gleich zu denen geht, die sich auskennen!« oder »Ich wusste, dass Sie das schaffen.« Und siehe da: Einmal die Nummer eingetippt, und dann ging es auch schon los, das Gerät ratterte, ein schmaler Zettel kam aus der Maschine und ich bekam das Kleidungsstück hübsch eingepackt überreicht. »Ich wusste, dass Sie das schaffen würden« sagte ich noch, und setzte meine Unterschrift darunter.

Wie ist das möglich? Ein Mensch, der keine Kreditkarte hat, keinen Ausweis, keinen Führerschein, kein Bargeld, nichts, der nur mit Wertschätzungsformeln bewaffnet ist und der am Ende ganz legal Waren aus einem Laden trägt. Schauen wir es uns genauer an. Ich hatte zunächst erklärt: »Jetzt habe ich kein Bargeld mehr.« Das kommt schon einmal vor. Das danach jovial geäußerte »Kein Problem« beruhigte offenbar. Die Nummer hatte ich »natürlich« im Kopf, auch das ist nicht ungewöhnlich. »Das ist ja immer so« trifft jedoch nur auf die Nummer zu und heißt noch lange nicht, dass man ohne Kreditkarte in einem Laden einkaufen kann. Sodann der Anschluss an immer Gültiges, das Dach: »Kreditkarten gibt es ja seit 50 Jahren.« Hinzu kam das alles Entscheidende, Wertschätzung: »Aber Sie kennen sich ja aus, Sie sind ja lange dabei.«, »Sie machen das!« Diese Sätze müssen der Durchbruch gewesen sein, danach ging es ganz flott. Das Entscheidende aber war die Wertschätzung. Das »Kein Problem« befreite offenbar von der Verantwortung, nachdenken zu müssen. Das »Ich weiß ja, wie das geht« übernahm die Führung. Dies alles war eine explosive Mischung. Jemand verlässt mit einem Gegenstand – hier waren es nur 99 Euro – einen Laden und könnte später seine Kreditkartenfirma fragen: »Wer hat mit meiner Kartennummer eingekauft?« »Jetzt haben wir beide wieder was gelernt« sagte ich beim Abschied noch ganz frohgemut.

Mangelnde Wertschätzung hat fast immer Konsequenzen. Der Psychologe Dan Ariely von der Duke University führte ein Experiment durch. Er gab mehreren Gruppen Aufgaben und versprach fünf Dollar dafür. Am Ende legte er jedoch – scheinbar versehentlich – neun Dollar auf den Tisch. Würden die Teilnehmer freiwillig die Differenz zurückgeben, auch wenn sie nicht kontrolliert wurden? Er teilte die Probanden in zwei Gruppen ein. 45 Prozent der Teilnehmer aus der Gruppe, der er das Experiment freundlich erklärte, gaben ihm die überschüssigen Dollars zurück. Bei der anderen Gruppe, in der er in die Erklärung des Experiments eine Unterbrechung gezielt eingebaut hatte, sah es anders aus. Während er mit den Probanden sprach, nahm er ein gefaktes Telefonat entgegen. Er antwortete offenbar einem Freund auf die Frage nach einer völlig unwichtigen Angelegenheit – die Verabredung zu einer Pizza, vollkommen ignorant gegenüber den Probanden, mit denen er gerade im Gespräch war. Diese Gruppe zeigte eine Reaktion, die wir uns merken sollten. Fast alle behielten das ganze Geld und nur 14 Prozent gaben die Differenz zurück: keine Wertschätzung, keine Ehrlichkeit. Achten Sie deshalb auf Wertschätzung für die anderen.

50 / Wenn Sie sich keine Namen merken können, dann merken Sie sich Namen

Unbezahlbare Einsicht

Ich gehörte zu den Menschen, die sich »einfach keine Namen merken« können. Das ist gelogen – und es ist auch noch unklug. Es ist gelogen, wie bei den meisten Menschen. Wir sind oft faul und an Mitmenschen zu wenig interessiert. Ganz authentisch sind wir nur an uns und, sofern wir Deutsche sind, mehr an Sachlichem und Fachlichem interessiert. Und es ist falsch, weil es unsere Wirkung auf andere schmälert. Ein authentischer Eindruck entsteht, wenn konkrete Menschen Beziehungen aufbauen. Namen unterstützen das, weil sie konkret sind, nicht generisch. Statt »Eine Ihrer Mitarbeiterinnen ...« sollten Sie die Dame bei ihrem Namen nennen. Dinge werden persönlicher durch Konkretes.

Organisationen werden unpersönlicher, je größer sie werden. Wenn wir das durchbrechen können, haben wir für unseren Arbeitgeber, wo auch immer wir arbeiten, bereits eine Menge geleistet. Jeder, der zu Beginn einer Antwort den anderen mit Namen anredet, verlässt für einen Moment das authentische Phlegma, das heißt: Ich interessiere mich für mich oder die Sache. Wenn wir uns die Mühe machen, Personen mit Namen anzusprechen, erzeugen wir Attraktivität.

Das beginnt an der Spitze. Die beiden ersten Sätze eines meiner Klienten gleich zu Beginn eines Meetings lauteten: »Welche Mütze setzen wir dem Ding auf? Wie nennen wir das Tierchen?« Wir sprachen über ein langweiliges Kreditprodukt, wie es jede Bank anbietet. Dinge werden interessanter durch Konkretes.

Menschen lieben nichts mehr als ihre Namen. Sprechen Sie von der »Müller-Methode«, wenn Sie Herrn Müller anspornen oder mit ihm nachhaltig ins Gespräch kommen wollen. Erwähnen Sie mehrfach »das Seydel-Papier« wenn Sie eine Präsentation von Frau Seydel bekommen und die Urheberin schätzen. Sie wird es Ihnen danken. Dinge werden wertschätzender durch Konkretes. Reden und Antworten, die ich nach dem Zielsatz-Prinzip bearbeitet habe, heißen gelegentlich »gewachtelt«.

Finden Sie das gut? Dann müssen Sie sich aber irgendwie den Namen merken, besonders dann, wenn Sie einer derjenigen sind, die sich keine Namen merken können. Merken Sie sich Namen, tippen Sie Namen in Ihr Smartphone, schreiben Sie Namen in den Sand, auf möglichst große Blätter, an die Wand. Wenn wir uns für die anderen interessieren oder den Eindruck machen, als würden wir uns für sie interessieren, erzielen wir Wirkung. Manchmal sage ich: »Es ist kein Mayerproblem« oder »Wir haben hier ein Mayerproblem«. Beides sind Aussagen, die die meisten kaltlassen dürften. Außer Frau Mayer oder Herrn Mayer.

Bei einem Abendessen bei Freunden stehen sieben Personen mit einem Aperitiv in einer Runde, als Sie kommen; Sie sind die oder der letzte. Das hat ein paar Vorteile, aber ganz gewiss einen Nachteil. Jetzt stellt man Ihnen nämlich alle sieben auf einmal vor. In einer Reihe geben Ihnen sieben Menschen die Hand und nennen ihren Namen, vier Frauen, drei Männer. Sich die Namen zu merken, ist bereits jetzt fast unmöglich. Als sich die Gesellschaft an den Tisch setzt, ist die Reihenfolge eine ganz andere und nun können Sie sich überhaupt nicht mehr an die jeweiligen Namen erinnern. Ihnen gegenüber sitzen ein oder zwei, mit denen Sie sprechen möchten, man lächelt sich zu. Wüssten Sie jetzt wenigstens eine der beiden Namen! Es gibt nur eine Rettung. Sagen Sie: »Jetzt habe ich Ihre beiden Namen verwechselt …« Nutzen Sie diese zweite Chance, sie kommt aber nur einmal.

51 / Gehen Sie nie in die Rechtfertigung

Alle haben Recht

Jemand kommt auf Sie zu und konfrontiert Sie mit einem Vorwurf. Ihre erste Reaktion ist – wie immer in solchen Fällen – der authentische Reflex: Sie rechtfertigen Ihr Handeln. Sie wollen das ganz schnell klären. Sie wollen den Vorwurf entkräften. Sie suchen ein Argument, irgendeinen Beweis, der belegt, dass es nicht so schlimm ist oder dass Sie gar nicht schuldig sind, nicht verantwortlich oder wenigstens nicht zuständig. So haben wir es auch als Schulkinder getan: Sandra und Peter waren auch dabei.

Noch einmal die Geschichte mit den Berliner und Washingtoner Hotels von vorher: Die drei diensthabenden Angestellte von Hotels zum Beispiel verlegten sich auf klassische Rechtfertigungsstrategien, etwa wenn die Heizung nicht funktioniert: »Die Putzfrau hat es abgestellt«, »Der Gast vor Ihnen wollte 17 Grad« ... Sie konzentrierten sich oftmals auf ein Detail, um es zu bestreiten, den Thermostat an der Wand. Eine der Duty-Managerinnen sagte sogar: »Ich muss das überprüfen.« Ich entgegnete: »Sie müssen es nicht überprüfen. Es ist so, wie ich es sage.« Beide Male gewann ich das Spiel – mit einem unausgesprochenen Satz, der an Höheres anschließt: Ein Gast ist ein Gast! Sobald eine höhere Instanz erscheint, läuft Rechtfertigung ins Leere.

Jeder Personaler, jeder Führungskräfte-Entwickler sagt: Menschen mit dem sicheren Griff ins Kategorische sind für Führungsaufgaben prädestiniert. Und umgekehrt: Es sind immer die Verlierer, die sich klassisch rechtfertigen und sagen, dies und das sei in der Verantwortung der anderen. Sie kennen diese Sätze: Es war so kalt an dem Tag, ich kam gerade aus dem Urlaub. Paul war auch dabei, der oder die hat dies oder das. Nur nicht: Ich selbst habe etwas falsch gemacht! Aber genau das wäre kommunikativ die Rettung gewesen.

Viele Rechtfertigungen scheitern auch, weil sie zwar von den Rechtfertigenden als klug, vom Publikum jedoch als unpassend empfunden werden – und darauf kommt es an. Als Alice Schwarzer Steuerhinterziehung nachgewiesen wurde, rechtfertigte sie sich so: Sie habe früher erwogen, Deutschland zu verlassen. Ziemlich bigott. Wie bei jeder allzu authentischen Rechtfertigung sind die anderen schuld. Wegen der »Hatz« auf sie habe sie damals ans Auswandern in die Schweiz gedacht, sagt sie, und deshalb ihre versteuerten Einkünfte auf ein dortiges Konto transferiert. Es gibt keinen einsichtigen Grund, dann auch die fälligen Zinssteuern nicht zu zahlen. Ihr Geld wäre die Vorhut gewesen, und sie wäre gemäß einer Art Nachzugsregelung nachgekommen. So sehr sie immer kritisiert wurde: Eine Flucht aus dem deutschen Rechtsraum war zu keinem Zeitpunkt nötig. Das hat alle gegen sie aufgebracht und sie aus dem Kreis ernstzunehmender Experten herauskatapultiert. Was hätte sie tun sollen? Sie hätte nicht authentisch sein dürfen – wahrscheinlich glaubte sie das ja am Ende selbst. Sagen Sie besser einfach nichts!

52 / Sparen Sie sich Beteuerungen

Gefährliche Rechtfertigung

So mancher, der einen Fehler macht, weist darauf hin, dass er sonst ein ganz toller Hecht sei. »Es ist doch nicht so schlimm. Sonst bin ich ja ein Guter.« Das Muster dürfte bekannt sein.

Die Unschuldsbeteuerung ist eine der ganz großen Fallen. Ich habe viele Tage damit zugebracht, meine Klienten aus der Rechtfertigungsautomatik zu holen, in die sie kommen, wenn sie ganz authentisch sind. Besonders in öffentlichen Situationen fallen wir alle hinein, wenn wir nicht aufpassen: Hoffentlich fragen sie dies nicht, hoffentlich nicht jenes. Wer sich in diesen Modus bringt, ist schon verloren. Sie sollten sich daraus befreien.

Vermeiden Sie vor allem einen Satz: »Ich bekomme viel Zuspruch«, denn diesen Satz lesen und hören wir regelmäßig, wenn Menschen gerade keinen Zuspruch bekommen. Solche Entschuldigungen sind gar keine und sind werden entsprechend wertlos. Alice Schwarzer hatte Steuern hinterzogen, aber sie wollte ja aus Deutschland raus, weil es da so schlimm ist, sie hatte es »überlegt«. Katastrophal für ihr Image war nicht die Tat, sondern die anschließende Unschuldsbeteuerung. Getoppt wurde das nur noch vom jahrelangen Lügen eines Jan Ullrich oder dem Wurstfabrikanten und Sportmanager, der vor Gericht sagte: »Ich bin kein Sozialschmarotzer.« Aber was dann, wenn man dem Staat Steuern in Höhe von fast 30 Millionen Euro vorenthält?

Sparen Sie sich Unschuldsbeteuerungen. Sparen Sie sich überhaupt alle Beteuerungen! Wer sagt: »Wir haben uns nichts vorzuwerfen«, der wird sich – das zeigt die Erfahrung des Publikums – vielleicht schon bald etwas vorzuwerfen haben.

Ich habe mir Rücktrittserklärungen und andere Rechtfertigungen von Politikern genauer angesehen. Was ich fand, waren ausschließlich Entschuldigungsreden. Der Dreisteste war sicherlich Gregor Gysi, der zu seiner Stasi-Tätigkeit einfach sagte, »Dazu kann ich nur sagen, dass ich das nicht war.« Ein Glanzstück ist auch die Abschiedsrede von Freiherr Karl-Theodor zu Guttenberg, einem Hochstapler, der erwischt wurde und zwei Wochen lang versuchte, trotzdem Minister zu bleiben. Das klang dann so:

»Ich habe in einem sehr freundschaftlichen Gespräch die Frau Bundeskanzlerin informiert, dass ich mich von

> meinen politischen Ämtern zurückziehen werde und um meine Entlassung gebeten. Es ist der schmerzlichste Schritt meines Lebens. Und ich gehe nicht alleine wegen meiner so fehlerhaften Doktorarbeit, wiewohl ich verstehe, dass dies für große Teile der Wissenschaft ein Anlass wäre. Der Grund liegt im Besonderen in der Frage, ob ich den höchsten Ansprüchen, die ich selbst an meine Verantwortung anlege, noch nachkommen kann.«

Ganz große Verdrehungskunst: Nicht wegen der Doktorarbeit ist er gegangen, sondern wegen der »höchsten Ansprüche an sich selbst«. Chapeau, dazu gehört Mut, so etwas zu behaupten.

> »Ich trage bis zur Stunde Verantwortung in einem fordernden Amt. Verantwortung, die möglichst ungeteilte Konzentration und fehlerfreie Arbeit verlangt – mit Blick auf die größte Bundeswehrreform in der Geschichte, die ich angestoßen habe, und mit Blick auf eine gestärkte Bundeswehr mit großartigen Truppen im Einsatz, die mir engstens ans Herz gewachsen sind. Wenn allerdings, wie in den letzten Wochen geschehen, die öffentliche und mediale Betrachtung fast ausschließlich auf die Person Guttenberg und seine Dissertation statt beispielsweise auf den Tod und die Verwundung von 13 Soldaten abzielt, so findet eine dramatische Verschiebung der Aufmerksamkeit zulasten der mir Anvertrauten statt.«

Seine Widersacher sollten sich schämen, ihn so zu attackieren, wo doch 13 Soldaten gestorben sind!

> »Unter umgekehrten Vorzeichen gilt Gleiches für den Umstand, dass wochenlang meine Maßnahmen bezüglich der ›Gorch Fock‹ die weltbewegenden Ereignisse in Nordafrika zu überlagern schienen. Wenn es auf dem Rücken der Soldaten nur noch um meine Person gehen soll, kann ich dies nicht mehr verantworten. Und deswegen ziehe ich, da das Amt, Bundeswehr, die Wissenschaft und die mich tragenden Parteien Schaden zu nehmen drohen, die Konsequenz, die ich auch von anderen verlangt habe und verlangt hätte.«

Der Vorwurf wird wiederholt: »Auf dem Rücken der Soldaten.« Schämt euch! Er kann nicht verantworten, dass man so mit ihm umspringt.

> »Ich habe wie jeder andere auch zu meinen Schwächen und Fehlern zu stehen. Zu großen und kleinen im politischen Handeln, bis hin zum Schreiben meiner Doktorarbeit. Und mir war immer wichtig, diese vor der Öffentlichkeit nicht zu verbergen. Deswegen habe ich mich aufrichtig bei all jenen entschuldigt, die ich aufgrund meiner Fehler und Versäumnisse verletzt habe. Und ich wiederhole dies auch ausdrücklich heute. Manche mögen sich fragen, weshalb ich erst heute zurücktrete. Zunächst ein möglicherweise für manche unbefriedigender, aber allzu menschlicher Grund.
>
> Wohl niemand wird leicht, geschweige denn leichtfertig, das Amt aufgeben wollen, an dem das ganze Herzblut hängt. Ein Amt, das Verantwortung für viele Menschen und deren Leben beinhaltet. Hinzu kommt der Umstand, dass ich mir für eine Entscheidung dieser Tragweite

> jenseits der hohen medialen und oppositionellen Taktfrequenz die gebotene Zeit zu nehmen hatte. Zumal Vorgänge in Rede stehen, die Jahre vor meiner Amtsübernahme lagen.
>
> Nachdem dieser Tage viel über Anstand diskutiert wurde, war es für mich gerade eine Frage des Anstandes, zunächst die drei gefallenen Soldaten mit Würde zu Grabe zu tragen und nicht erneut ihr Gedenken durch Debatten über meine Person überlagern zu lassen. Es war auch ein Gebot der Verantwortung gegenüber diesen, ja gegenüber allen Soldaten. Und es gehört sich, ein weitgehend bestelltes Haus zu hinterlassen. Deshalb letzte Woche noch einmal viel Kraft auf den nächsten entscheidenden Reformschritt verwandt wurde, der nun von meinem Nachfolger bestens vorbereitet verabschiedet werden kann. Das Konzept der Reform steht.«

Eine Frage des Anstandes war es! Aber nicht das Zurücktreten, wie wir alle meinten, sondern das quälende Noch-Bleiben. Und das alles gipfelt in der verwegenen Behauptung, die gefallenen Soldaten und ihre Angehörigen hätten Wert darauf gelegt, von einem Hochstapler im Ministergewand die Grabrede anzuhören. Das ist die vorletzte Rechtfertigung. Das »bestens bestellte Haus« erwies sich übrigens kurze Zeit später als Bruchbude

> »Angesichts massiver Vorwürfe bezüglich meiner Glaubwürdigkeit ist mir auch ein aufrichtiges Anliegen, mich an der Klärung der Fragen hinsichtlich meiner Dissertation zu beteiligen: Zum einen gegenüber der Universität Bayreuth, wo ich mit der Bitte um Rücknahme des

Doktortitels bereits Konsequenzen gezogen habe. Zum anderen habe ich zugleich Respekt vor all jenen, die die Vorgänge zudem strafrechtlich überprüft sehen wollen. Es würde daher nach meiner Überzeugung im öffentlichen wie in meinem eigenen Interesse liegen, wenn auch die staatsanwaltlichen Ermittlungen etwa bezüglich urheberrechtlicher Fragen nach Aufhebung der parlamentarischen Immunität, sollte dies noch erforderlich sein, zeitnah geführt werden können.

Die enorme Wucht der medialen Betrachtung meiner Person, zu der ich selbst viel beigetragen habe, aber auch die Qualität der Auseinandersetzung bleiben nicht ohne Wirkung auf mich selbst und meine Familie. Es ist bekannt, dass die Mechanismen im politischen und medialen Geschäft zerstörerisch sein können. Wer sich für die Politik entscheidet, darf, wenn dem so ist, kein Mitleid erwarten. Das würde ich auch nicht in Anspruch nehmen. Ich darf auch nicht den Respekt erwarten, mit dem Rücktrittsentscheidungen so häufig entgegen genommen werden.

Nun wird es vielleicht heißen, der Guttenberg ist den Kräften der Politik nicht gewachsen. Das mag sein oder nicht sein. Wenn ich es aber nur wäre, indem ich meinen Charakter veränderte, dann müsste ich gerade deswegen handeln. Ich danke von ganzem Herzen der großen Mehrheit der deutschen Bevölkerung, den vielen Mitgliedern der Union, meinem Parteivorsitzenden und insbesondere den Soldatinnen und Soldaten, die mir bis heute den Rücken stärkten, als Bundesverteidigungsminister nicht zurückzutreten.«

Es kommt noch schlimmer: Die Soldaten hatten ihm den Rücken gestärkt. Sie wollten so gern den Hochstapler als Minister behalten.

> »Und ich danke besonders der Frau Bundeskanzlerin, für alle erfahrene Unterstützung und ihr großes Vertrauen und Verständnis. Es ist mir aber nicht mehr möglich, den in mich gesetzten Erwartungen mit dem mir notwendigen Maß an Unabhängigkeit in der Verantwortung gerecht zu werden. Insofern gebe ich meinen Gegnern gerne recht, dass ich tatsächlich nicht zum Selbstverteidigungs-, sondern zum Minister der Verteidigung berufen wurde. Abschließend ein Satz, der für einen Politiker ungewöhnlich klingen mag. Ich war immer bereit, zu kämpfen, aber ich habe die Grenzen meiner Kräfte erreicht. Vielen Dank.«

Die Rede begann mit: »Grüß Gott!« Ohne Worte. Metternich, auch ein Adliger, sagte vor hundert Jahren, als hätte er zu Guttenberg schon gekannt: Prinzipien müssen drehbare Geschütze sein.

53 / Entschuldigen Sie sich lieber

Rhetorische Kniefälle

Es ist untersucht worden, was am ehesten dazu führt, dass eine negative Ebay-Bewertung zurückgenommen wird. Die Annahme war, dass es das Angebot einer Geldzahlung ist. Tatsächlich waren es aber verbale Entschuldigungen, glaubhaft scheinende Erläuterungen. Das Angebot, für Fehler zu büßen, hat den höchsten Wert, selbst dann, wenn es nur ein »rhetorischer« Akt ist. Genau dann nämlich sagt der Verzeiher: Nicht nötig. Experimente haben gezeigt, dass Schuldeingeständnis und Bedauern nötig sind, beides, nur eines davon genügt nicht. Erinnern wir uns: Der Authenticity Bias treibt uns in das Erklären und Rechtbehalten. Das nicht-authentische Entschuldigen ist aber wirkungsvoller.

Wenn der Preis für das Schweigen beziehungsweise Nichtentschuldigen größer ist als der für die Entschuldigung, muss ein wichtiger Grund vorliegen. Doch genau das ist in den meisten Fällen nicht der Fall. Sich zu entschuldigen wirkt Wunder.

»Wir bedauern«, »ich bedaure«, »wir haben Fehler gemacht«: Solche Sätze sind nötig, auch dann, wenn der authentische Reflex dagegen spricht. Juristische Folgen sind allerdings zu kalkulieren. In meiner Arbeit mit Spitzenmanagern sehe ich: Was in machen Fällen nie sein darf, ist das Schuldeingeständnis. Nötig sind rhetorische Akte wie: »Wir tun alles, damit es nicht wieder vorkommt«, »wir werden alles Menschenmögliche tun«. Unternehmen lassen in solchen Compliance- und Krisen-Fällen eher nicht die Spitzen-Manager vor Mikrofon und Kamera. Zum einen wäre damit ein Risiko verbunden, zum anderen soll das Spitzenpersonal nicht persönlich mit dem negativen Thema in Verbindung gebracht werden. Eine wichtige Regel dabei ist: Nie zugleich Schuld zuweisen (»Die Politik ist da gefordert!«).

Hochmut kommt vor dem Fall. Noch einmal: Schuldeingeständnis und Bedauern, beides ist nötig, wenn man im Fall persönlicher Fehler etwas Glaubhaftes hinbekommen will. Das heißt auch: Sie brauchen Taktiken, damit Sie nicht in die Rechtfertigung geraten. Bereiten Sie sich gut vor.

WIE MAN IN DEN RICHTIGEN FILM KOMMT

54 / Spielen Sie im richtigen Film

Authentizität und Rolle

Vor wenigen Jahren wurde im brasilianischen Urwald nahe der peruanischen Grenze eine Gruppe Ureinwohner entdeckt. Es waren einige wenige Krieger, die ihre Speere in den Himmel reckten, fast nackt, nur mit einem Schurz bedeckt. Wir sind uns natürlich sicher, sie sind authentisch sie selbst und sonst nichts. Sie hatten nie Fotos retuschiert, nie etwas gepostet, und noch nie ein Coaching erlebt.

Sind sie authentisch? Sie verstellen sich nicht, meinen wir. Wirklich nicht? Um das beurteilen zu können, müssten wir wissen, wozu sie sich in Bezug setzen. Wem gegenüber verstellen sie sich vielleicht doch? Was wollen sie mit der Inszenierung der Speere sagen? Warum bemalen sie ihre Körper? Ich möchte auf eine Hypothese hinaus. Die archaischen Krieger spielen in einem Film, dessen Regeln wir nicht kennen. Aber ganz ohne Zweifel spielen sie in einem Film. Wenn sie das tun, warum sollten wir es dann nicht auch?

Michael H. Kernis und Brian M. Goldman wollten das Authentische zu fassen bekommen. Nach empirischen Studien sahen sie mehrere Kriterien: Deren erstes und wichtigstes heißt: Mindset. Wisse, in welchem Film Du spielst!

Wer sich selbst kennt, weiß besser, warum er sich so verhält, wie er es tut. Wer reflektiert und bewusst erlebt, kann umso besser steuern. Meine Arbeit mit Klienten, ob aus Wirtschaft oder Politik, beginnt exakt mit diesem Punkt. Ich frage: In welchem Film spielst du?

»Als wer sprichst du jetzt zu mir?« Ganz authentisch I, wie im ersten Kapitel erläutert, gibt es uns nicht. Wir sind überhaupt nur in konkreten Rollen zu haben, nie pur und immer im Ganzen. Haben Sie schon einmal versucht, sich selbst und die Rolle vollständig zu trennen? Es geht nicht. Warum auch? Das fragt sich so leicht, aber Menschen, die in höchste moralische Rechtfertigungsnot geraten, sehen das als letzte Zuflucht. Das erinnert an Kriechtiere, die den verletzten oder von Feinden gepackten Schwanz abtrennen, um mit dem Rest fortzulaufen zu können. Mensch und Filmrolle trennen, genau das hatte die Bundeskanzlerin im Frühjahr 2011 vergebens getan. Sie habe »volles Vertrauen« in Minister zu Guttenberg, seine Arbeit als Minister mache er »hervorragend«. So weit, so gut, aber dann begann die Operation am offenen Herzen. Merkel hatte ihn in zwei Teile geteilt, einen Minister, der arbeitet wie geschmiert, und einen Menschen, der betrügt und das wochenlang abstreitet. Das war bizarr, aber für eine kurze Zeit ihre Rettung in der Sache: Sie wusste nicht, ob er zu retten war. Also hat sie seinen nicht infizierten Teil kurzzeitig noch behalten. Sie gewann wertvolle Zeit. Sie sagte dann: »Ich habe ja keinen wissenschaftlichen Assistenten eingestellt.« Das witzig, unsinnig zugleich. Aber wenige Tage später ging ihr Kalkül auf. Merkel hatte keine Option, aber ihr persönlicher Schaden war gering, weil sie die Schlachtung anderen überließ. Nicht auszudenken, wenn zu Guttenberg längere Zeit im falschen Film hätte spielen müssen. Die Trennung von Mensch und Film musste schief gehen.

Bevor wir uns überlegen, welchen Eindruck wir machen wollen, sollten wir wissen, was der Film ist. Aber was ist ein Film? Dazu müssen wir ein letztes Mal tiefer gehen. Einstellungen, Denkmuster sind die Ursachen unseres Handelns. Dafür ist der Begriff Mindset inzwischen gebräuchlich. Ohne solche Denkmuster ist unser Auftritt nicht zu denken. Mindsets sind der »Modus«, in dem wir auftreten, Gespräche führen, hereinkommen, stehen, reden oder antworten. In Bezug auf Auftritte gibt es zwei grundverschiedene Mindsets. Das erste kam schon im Kapitel über Naturtalente vor. Er heißt Beharrung.

- So bin ich.
- Wenn ich einen guten Tag habe, geht das ja alles.
- Als Kind haben sie mir gesagt: Das wird nichts.
- Das weiß ich schon alles.
- Das kann ich schon.
- Ich habe Redetalent.
- Das mache ich seit Jahren ganz ordentlich.
- Man kann immer etwas besser machen.

Beharrung, Weigerung in den richtigen Film zu gehen, ist falsch. Erst im richtigen Film werden Rolle und Authentizität zu einem Ganzen. Zerteilen Sie es nie!

55 / Spielen Sie gut

Tanzen ist das Höchste

Die Formel 1 ist eine harte Angelegenheit. Zähe junge Kerle holen das Letzte aus ihren Autos heraus. Das ist Arbeit, pure Professionalität ohne irgendetwas Authentisches. Und doch ist selbst hier eine gute Mischung aus beidem möglich. Einer berichtete vom Großen Preis von Südkorea über den Sieger: »Er tanzt!« schrieb er: »Er tanzt mit seinem Wagen über die Rennstrecke!« Der Rennfahrer tanzt. Es fährt so verdammt gut, er hat so verdammt viel trainiert. Er ist im richtigen Rennen, im richtigen Film.

Authentisch scheinen im richtigen Film, eins mit der Rolle, das ist das heimliche Ziel, im eingeschwungenen Zustand sein. Das können Sie schaffen. Die ganze Übung, die ganze Vorbereitung, all das sorgt dafür, dass Sie im richtigen Film spielen. Sie müssen es nicht einmal verbergen, dass es Mühe und Arbeit war, dass es oft lange braucht, dass es nicht sofort funktioniert. Es muss nur so scheinen, als sei es keine Anstrengung. So, als tanzten Sie.

Im richtigen Film sein heißt am Ende: authentisch scheinen. Es sind dann die anderen, die sagen: Sie tanzt – oder er tanzt. Arbeiten Sie an sich, damit Sie in den eingeschwungenen Zustand kommen.

56 / Verbergen Sie die Kunst

Ratschlag der Antike

»Ehrliche Selbstdarstellung«. Wenn Sie so etwas lesen, sollten Sie wissen: Es ist das Gegenteil dessen, was Ihnen nützt. Für jeden Eindruck ist es der Tod, wenn zu sehen ist, dass er ein mechanisch hergestellter Akt ist. Authentisch wirken bedeutet die Abwesenheit jedes Zweifels. Die alte Rhetorik nannte das *dissimulatio artis*. Es wird verborgen, dass hinter dem authentischen Eindruck die Inszenierung steht. Der Eindruck von Spontaneität kann Glaubwürdigkeit suggerieren. Der römische Dichter Ovid schrieb den Satz, dem wir seit 2000 Jahren nichts hinzufügen können: *»Si latet ars, prodest.«* Wenn die Kunst sich verbirgt, ist sie erfolgreich.

Die Strategie ist zudem effizient. Man muss das Verhältnis aus Authentizität und Rolle nicht immer neu suchen. Unsere persönliche Fassade bauen wir je nach unserem Wirkungsziel auf. Dadurch entsteht Vertrautheit. Für die meisten Ziele gibt es bereits bewährte Fassaden. Wir können sie übernehmen und müssen sie nicht neu kreieren. Sie liegen da, mit ihnen können wir variabel umgehen. Wenn der Film oft derselbe ist, können auch die Masken wiederverwendbar sein.

Man selbst zu sein scheint der schwerste aller Filme zu sein, in denen man spielen kann. Die Kunst des guten Auftritts schaffen Sie mit dem richten Plan und mit viel Übung, denn am Ende wirkt meist nur das gut Trainierte authentisch. Authentisch I oder II, authentisch sein oder authentisch scheinen: Dieser feine Unterschied hat gewaltige Konsequenzen. Das zweite bringt Sie weiter. Arbeiten Sie daran. Und arbeiten Sie daran, dass man das dem Ergebnis nicht ansieht.

57 / Spielen Sie Ihren Part variabel

Nicht immer derselbe

»Persona« heißt »Maske« – es war die Gesichtsmaske des antiken Schauspielers. Sie macht einzigartig. Es ist paradox: Gerade das, was wir heute loswerden wollen, stand für das Einzigartige, das Anziehende. Wir sollten uns von Ideologie und Mode lösen. Wenn wir das tun, sehen wir: Es ist verwegen, uns ohne Maske zu denken. Wer Person ist und Persönlichkeit hat, trägt immer auch eine Maske, immer. Ob Brustimplantat oder Toupet, Push-up oder Tattoo, wir unterstreichen, aber es macht uns nicht authentisch. Oft kann man sagen, Gott sei Dank.

In Georg Büchners Drama *Dantons Tod* sagt einer der Revolutionäre über die Gegenspieler: »Es ist Zeit, ihnen die Masken abzureissen,« Darauf entgegnet Danton: »Da werden die Gesichter mitgehen.« Rolle und Authentisches verfließen in eins, nicht nur im Theater. Irgendwann hört Flexibilität auf und die Rolle frisst den Menschen. Der Controller kontrolliert rund um die Uhr, der Executive exekutiert nur noch, auch zu Hause, der Lehrer belehrt seine Kinder. Ohne Reflexion kippt die Balance aus Authentischem und Rolle. So gefährlich das Nur-Authentische ist, das Gegenteil ist es erst recht. Es fehlt Variabilität.

Das ist die erste der drei Gefahren der Balance, die ich sehe: Authentizität wird von der Rolle aufgefressen. Ich beobachte bei einigen wenigen Spitzenmanagern, was Macht mit der jeweiligen Person anrichtet. Wer die Regulative wie Familie und Freunde nicht hat oder nicht erkennt, kippt um. Einzelne Personen beginnen zu kippen. Sie verwechseln Film und selbst. Beides kommt aus dem Gleichgewicht. Wer so ist, ist nur noch Rolle. In meinem Buch *Executive Modus* heißt das letzte Kapitel »Der X-Punkt«: Wenn Wichtigkeit steigt und Lernwilligkeit sinkt, kreuzen sich zwei Linien.

Der schlechte Schauspieler spielt immer nur sich selbst. Der gute variiert. Die jeweilige Rolle will gespielt sein, der richtige Film erkannt. Wie ist es bei Ihnen, in Gebrauchsreden und Gesprächen, in kurzen Auftritten, Fotos und Videosequenzen, die auf Wirkung aus sind? Im Prinzip genau so, nur ist die Balance aus Authentischem und Film bei ihnen deutlich anders: Die Rolle ist näher an der Person. Damit wird die ganze Inszenierung authentisch scheinen.

Die zweite Gefahr ist gravierender. Sie entsteht, wenn Sie Distanz zum Film aufbauen, in dem Sie spielen. Eine »zynische Darstellung« nennt das der Soziologe Erving Goffman: von der Rolle nicht überzeugt sein und sie trotzdem spielen. Man kann das manchmal bei Managern erleben, die in börsennotierten Unternehmen das genaue Gegenteil dessen verkörpern, wovon sie überzeugt sind. Das ist nicht variabel, das ist unethisch.

Die dritte Gefahr: Das Authentische und die Rolle fusionieren, die Maske wächst an und geht nicht mehr herunter: Irgendwann gehört das Gottähnliche zur Person dazu, es wird Teil des Authentischen. Man kann dann sagen: Der oder die ist so. Und wieder zeigt sich: Diese Authentizität braucht niemand. Deshalb wird die Person dann sehr schnell entfernt. Gerade die Gottähnlichen fallen tief, denn das Gottähnliche ist gerade das Gegenteil dessen, wofür sie angestellt wurden. Es vernichtet Wert.

Bedingungslose Anpassung an die Rolle, beliebig formbar, kann nicht das Ziel sein. Dann kommen Sie im Film nicht mehr vor, dann sind Sie letztlich amorph. Das ist »Verbiegen« im schlechten Sinne. Es ist Rollen-Rigidität. Wählen Sie den besseren Weg. Er heißt bedingte Anpassung: ein souveränes Verhältnis zur Rolle finden und sie immer wieder neu austarieren. Dann können Sie authentisch scheinen. Wenn Sie das schaffen, mit einem Film, den Sie ethisch vertreten können, haben Sie das Ziel erreicht.

58 / Spielen Sie nur in dem Film, der zu Ihnen passt

Erst überlegen, dann loslegen

Sie werden gleich ein paar Worte sagen. Jemand kündigt Sie an, der Hausherr, die Vorsitzende, eine Moderatorin. Das ist im Prinzip gut. Aber bei dem, was Sie hören müssen, stellen sich Ihre Nackenhaare auf. Sie hören einzelne Begriffe, mit denen Sie nichts zu tun haben wollen, es werden Beziehungen zu Dingen und Menschen erwähnt, mit denen Sie nichts zu tun haben wollen. Lassen Sie ruhig durch andere, die einführende Worte über Sie zum Besten geben, die Aufmerksamkeit auf sich lenken. Nur sollte es so sein, wie Sie es wünschen. Anmoderationen sind der Teppich. Wenn er der falsche ist, ist der halbe Auftritt schief. Planen Sie deshalb genau, was man über Sie sagen soll, wie man auf Sie lenkt, wie man Interesse schafft. Das bedeutet, leider, den Veranstaltern ausnahmsweise Formulierungen vorzuschlagen. Ich halte keinen Vortrag mehr, ohne vorher meine eigene Anmoderation vorgeschlagen zu haben. Verschaffen Sie sich die Hoheit, definieren Sie den Rahmen, bestimmen Sie das Initial. Wenn das nicht gelingt, sollten Sie den Film verlassen.

Zum richtigen Film gehört die richtige Antwort auf die Frage: Zu wem rede ich? Wen sehe ich vor mir? Passt die oder der in den Rahmen, aus dem sie oder er rausschaut? Kennen Sie das? Sie fragen sich, ob Sie im richtigen Film sind – weil man mit Ihnen unpassend umgeht. Erst überlegen, dann loslegen.

Analysieren Sie, welcher Film von Ihnen erwartet wird. Ich habe einmal eine Stewardess gefragt, wie und warum sie zu dem Beruf kam, was man braucht, wodurch man sich dazu eignet. Sie antwortete, sie habe schon Erfahrungen in der Arbeit mit Menschen, sie habe mit Behinderten gearbeitet, mit Kindern, mit schwer Erziehbaren, mit Pauschaltouristen. Eine harte Schule, und das bringt sie mit, sie strahlt es aus. Die Betreuten merken das: Wer eben noch Entscheider war, wird in einem Flugzeug sitzend unversehens zum Mündel.

Was ist der Grund? Die Stewardessen haben die Passagiere in den falschen Film gelockt. Weil sie selbst im falschen Film waren. Dieser hier heißt: Wir haben es mit schwer Erziehbaren zu tun. Service ist gut, aber nicht alles, was Service sein soll, ist Service. Das Phänomen nenne ich Infantilisierung: Der Mensch wird mit kindlich hoher Stimme angesprochen, er wird getröstet, es werden ihm

Bonbons versprochen, er wird beruhigt und eingelullt. Der Passagier wird zum Kind. Service wird zu »Betreuung«, nicht anders als bei Haustieren. Der falsche Film wird zur Falle. Andere Fallen heißen anders, das Prinzip ist dasselbe. Auch Sie kennen solche schrägen oder weniger schrägen Beispiele, in denen jemand im falschen Film ist.

Sie selbst können sich ändern, aber das Umfeld haben Sie nicht in der Hand. Ein Kommunikationschef wollte seinen Vorstandvorsitzenden platzieren. Da traf es sich, dass der Opernrat der Stadt anfragte. Der Kommunikationsmanager wusste: Das würde fehlschlagen. Nicht auszudenken, wenn er dort Cowboystiefel trägt. Jemanden, der gern Cowboystiefel trägt, in den Opernrat senden und damit rechnen müssen, dass er sie auch dort trägt – das muss fehlschlagen. Wir mussten ihm erklären, dass es in diesem Film keine passende Rolle für ihn gibt.

In Kontexten, die sehr weit von Ihrer Neigung entfernt sind, kostet es zu viel Anstrengung, den authentischen Eindruck herzustellen. Suchen Sie sich ein Umfeld, das zu Ihnen passt und das es Ihnen leichter macht, eine Beziehung zu Film und Regie aufzubauen. Ich habe einmal für einen Repräsentanten eines Automobilklubs gearbeitet. Er ist leidenschaftlich gern auf dem Land und hat einen Hof. Er verriet mir: »Ich habe gar kein Auto, ich fahre Trecker.« Wenn Sie nichts für die Natur übrig haben, sollten Sie nicht wandern gehen, sind Sie kein Kenner, sollten Sie sich nicht auf eine Kunstmesse einladen lassen. Wenn Sie also das Umfeld nicht in der Hand haben und es ein falsches ist, dann weichen Sie aus! Spielen Sie einfach in solchen Filmen nicht mit.

59 / Fallen Sie nicht aus der Rolle

Non Decorum Bias

Nehmen wir ein letztes Mal einen Bundestagswahlkampf. Wieder die SPD. Die Schere könnte nicht weiter auseinanderklaffen: Die Partei spielte 2013 monatelang »Das Wir entscheidet« – und der Kandidat spielte ebenso lange »ich«. Er hatte nicht einmal versucht, diese Kluft zu schließen, und in der Partei gab es offenbar niemanden, der ihm das dringend geraten hatte. Würde sich in der Wirtschaft ein Vorstand so beharrlich weigern, seine Rolle zu spielen, würde ein Aufsichtsrat auf den Plan treten und freundlich den Weg zur Tür weisen.

Aber die Sache hatte angeblich ein Gutes, eine Rettung schien möglich, Sie ahnen es: Eine Boulevardzeitung fragte: »Ist die Authentizität Steinbrücks Pfund?« Vielleicht hat der falsche Film ja etwas Gutes? Das Gegenteil ist wahr: Authentizität war die Eisenkugel an seinem Bein. Sein Film heißt: »Ich bin Peer«. Jemand hätte ihm sagen müssen: Du bist nicht der Peer, sondern hier wird ein Stück aufgeführt, und Du darfst der Hauptdarsteller sein. Die Ursache für einen komplett vermasselten Wahlkampf war der falsche Film.

Der Kandidat sagte immer wieder: »Ich schauspielere nicht.« Er sagte auch: »Ich biedere mich doch nicht an!« Doch genau damit biederte er sich an – an die, die den Ungeschliffenen wollen. Davon gab es nicht genug für einen Wahlsieg. Ihre erste Frage muss deshalb sein: In welchem Film spiele ich? Wird sie nicht oder falsch beantwortet, geht alles von Anfang an schief – wie der Wahlkampf der

SPD, von dem darauffolgenden Wahlkampf 2017 zu schweigen.

Was deutschen Politikern und Beratern neu ist, ist seit 2500 Jahren bekannt. Quintilian dachte über die Glaubwürdigkeit von Menschen nach, die in die Öffentlichkeit treten. Sein Thema war, modern ausgedrückt, der Anschein von Authentizität. Das setzt voraus, Quintilian wusste das, dass der Eindruck angemessen sein muss – den Umständen und den anderen. In Worten, in Gesten, im Blick, wir würden heute Performance sagen. Damals hieß es *Aptum*. Ein guter Auftritt braucht Angemessenheit nicht nur als Ausdruck – was will ich sagen –, sondern Angemessenheit als Eindruck: Was empfinden die anderen? Das Entscheidende ist immer: Wird das Publikum das angemessen finden? *Aptum* und *Decorum* lassen die allzu Authentischen oft vermissen. Es ist der Non-Decorum-Bias, die Neigung, aus der Rolle zu fallen. In Frankfurt, wo ich wohne, nennt man es »nebbe de Kapp« sein, aus der Rolle gefallen.

Der griechische Begriff »Idiot« bezeichnete Menschen, die privat sind, kein Amt bekleiden, die nichts tun, für das man eine Prüfung braucht, autodidaktisch, ohne Regeln und ohne Plan. Modern gesagt: die ihr eigenes Ding machen. Die Vorsilbe »ideo« bedeutet: eigen, speziell, nicht standardisierbar. Menschen, die nicht in Rollen passen Ein »Idiot« ist jemand ohne Rolle – oder jemand, der keine findet.

Wir alle suchen ständig den richtigen Film. Ist er gefunden, stimmt das Dekor um uns herum. Können wir ein gutes Verhältnis aus uns selbst und der Rolle finden, bleiben wir. Von dem einen in einen anderen Film wechseln wir, wenn das Ich ein anderes wird, wenn wir »wie ausgewechselt« sind, wenn alles ganz anders ist, wenn wir uns zurechtfinden müssen. Es ist immer die Umgebung, das Dekor, wir selbst sind ja dieselben, auch wenn wir uns neu zurechtfinden müssen.

Dass Menschen immer Rollen spielen, was uns heute manchmal als unethisch gilt, war etwa den Menschen des Barock nicht fremd. Etwas übertrieben kommt uns das heute vor, aber immerhin verdanken wir dem Barock die Lust an der deutschen Sprache. Später ging es wieder bergab. Das *Decorum*, das An-Messen an das Publikum, wird seit der Aufklärung kritisiert. Es kam gehörig in Verruf, irgendetwas zu spielen. Typisch deutsch wollte niemand irgendeine Verstellungskunst. Nur die Sache soll eine Rolle spielen, und weder Akteur noch Zuhörer. Selbstredend ist so die Rhetorik nicht totzukriegen, bis heute. Das Nur-Authentische genügt eben nicht.

Aus der Rolle fallen Politiker, die am Ende ihrer Amtszeiten besonders eindrucksvoll allzu authentisch sind, zu Guttenberg mit seinem Statement etwa oder Schröder in der Elefantenrunde. Beide wurden bis zuletzt von manchen Medien gestützt, beide verwiesen auf Aufrichtigkeit, auf allerlei Prinzipien. Zu Guttenberg zum Beispiel schätzte das Wort »herzlich« ganz besonders, »am Herzen« lagen ihm »meine Soldaten«. Und beide fielen gehörig aus der Rolle, Schröder einmal ganz kurz, zu Guttenberg einmal ganz gründlich.

60 / Seien Sie opportunistisch

Adaptation Bias

Haben Sie schon einmal beobachtet, wie Neuankömmlinge in ein Ferienhotel kommen? Blass, etwas genervt von der Reise, noch die unpassende Kleidung, zu warm, dunkel, farblos, mit grauen Anoraks. Vielleicht kommen sie aus Paderborn oder aus Bielefeld. Sie beobachten sie vom Pool aus – seit etwa einer Woche sind Sie schon dort und jetzt also kommen die Neuen und sehen sich die Lage an. Irgendwie schleichen sie eher als dass sie gehen. Irgendwie gehören die nicht hierher. Schon einen Tag später sehen Sie neben sich zwei, deren Gesichter Ihnen bekannt vorkommen. Sie sind noch nicht so braun gebrannt, aber schon ganz andere Menschen als noch gestern. Sie schauen mit festem Blick über den Poolbereich, nehmen sich einen Drink und nicken Ihnen zu. Sie sind aus Berlin oder aus Starnberg vielleicht. Vielleicht sind es gar keine Deutschen, haben Sie da vor dem Hotel nicht gerade ein Auto mit Monaco-Kennzeichen gesehen? Sie sind nicht mehr dieselben, sie sind binnen weniger Stunden geworden wie alle hier.

Anpassung an den herrschenden Film kann von existenzieller Bedeutung sein. Ich war als 20-Jähriger ein halbes Jahr in der DDR in politischer Haft. Die Neuankömmlinge im Gefängnis hießen »Zugang«, es war ein Schimpfwort, sie mussten niedere Arbeiten verrichten. Mehrere Monate blieb man Zugang, die meisten Gefangenen waren ja Jahre dort. Es war dasselbe Phänomen wie im Hotel unter Palmen und es ist universal. Erstens: Es gibt Neue, die ankommen, so wie sie sind, und andererseits Angepasste, die gut zurechtkommen.

Die Angepassten haben Vorteile: Das Phänomen hinter der zweiten Gruppe heißt *Adaptation Bias.* Wir neigen zur Rolle. Es ist der einzige Bias, den wir nicht kritisieren sollten. Er bringt uns weiter.

Man kann es zum Beispiel auch anders formulieren: Wir neigen dazu, dort hinzugehen, wo sich Chancen bieten. Das ist richtig, dazu sollten wir stehen. Eine Gelegenheit muss man ergreifen, dafür ist sie da. Dieses Buch steht im Verdacht, Knecht des Opportunismus zu sein. Schuldig im Sinne der Anklage! Eine *opportunity* muss man umsetzen, dafür ist sie da. Ich arbeite mit Spitzenmanagern. Für sie sind »Opportunitäten« Glücksfälle, Möglichkeiten, denen man sich anpassen kann, Fenster, die sich öffnen. Es sind ungeahnte Möglichkeiten, neue Chancen. Man muss sofort aus diesen Fenstern hinaussehen, hinausgehen, all das nutzen, was sich bietet. Meine Klienten suchen nach dem besten Weg aus dem, was sie wollen, und diesen Opportunitäten. Und Opportunismus ist Teil des Dienstvertrages. Ich weiß, dass jeder Aufsichtsrat froh ist über Manager an der Spitze, die Opportunitäten nutzen – wenn sie es nicht übertreiben.

Das gilt für jeden Film, in dem wir spielen. Der Maurer, der Arzt, die Tierpflegerin, alle erfüllen Erwartungen. Anderenfalls wären sie nicht professionell. Wer eine Berufsrolle innehat, sollte Standards erfüllen, harte – zum Beispiel Abschluss und Approbation als Arzt besitzen – und weiche: offensichtlich erfolgreich heilen, überzeugend auftreten, angemessen gekleidet sein. Wir erwarten sowohl professionelle Standards als auch Echtheit – in der Reihenfolge.

Wir erwarten von Profis gar nicht die Authentizität I. Wir erwarten die Mischung.

Opportun – in Grenzen – muss ihr Eindruck oder Auftritt sein, weil er an die anderen angepasst sein muss. Ihre Selbstdarstellung muss Erwartungen bedienen. Opportunes erkennen und sich andocken, das ist – nicht nur hinter Schwedischen Gardinen – lebensnotwendig. Also: Seien Sie opportunistisch.

61 / Schalten Sie Selbstzweifel aus

Impostor Bias

Sie wissen, dass Sie vieles nicht bedacht haben. Eigentlich können Sie das alles gar nicht, was Sie da versprechen. Man wird Sie ertappen und enttarnen. Es wird furchtbar sein. Sie sind sich ganz sicher, dass dieses oder jenes Gespräch, diese oder jene Verhandlung, dieses oder jenes Statement nicht funktionieren kann. Jemand wird gleich rufen: »Ein Hochstapler!«, und Sie werden rot anlaufen. Dieses Impostor-Phänomen haben die US-amerikanischen Psychologinnen Pauline Clance und Suzanne Imes vor Jahrzehnten identifiziert. Alle Menschen, die nach etwas streben, erleben es: Wir setzen uns zu hohe Ziele. Wir blähen Zweifel auf, die Sorge vor Enttarnung behindert den Eindruck.

Wenn wir das authentisch herauslassen, sinken die Erfolgschancen ganz rapide. Die Zweifel am Eindruck, den wir machen, können zerstörerisch sein. Hier hilft die Sicherheit, dass es den Plan gibt, dass die Methode gut und alles gut vorbereitet ist. Am Ende stimmt Wittgensteins berühmter Satz: »Der vernünftige Mensch hat gewisse Zweifel nicht«.

Ganz authentisch, so wie Sie sind, kann ein guter Eindruck nicht immer entstehen. Es ist eben unwahr, dass wir nur unsere Seele mit allen Zweifeln und allen Erkenntnissen ausrüsten müssen und so besser handeln. Das Gegenteil ist richtig. Vieles, das wir aus dem Inneren wissen, sollten wir ignorieren. Selbstzweifel stören den Eindruck. Eliminieren Sie sie. Wenn es sein muss: verdrängen!

62 / Bedenken Sie das Gegenteil

Dialectic Law

In der Welt des Eindrucks stimmt immer beides, auch das Gegenteil. Als Frankfurts Oberbürgermeister gewählt wurde, haben wir für eine Partei die Spitzenkandidaten-Statements vorbereitet. Am Wahltag vor der ersten Hochrechnung haben wir in einem entlegenen Teil des Rathauses »Römer« unten die Statements verabschiedet, die oben vor der Kamera abgegeben werden sollten. Fünf Karteikarten mit zu Trichtern geformten Wortreihen, zu jedem Thema zwei gänzlich verschiedene: je eines für den Fall, dass wir viele Stimmen bekommen, und eines für den Fall mit wenig Stimmen. Das Foto zeigt sie, aber es verrät nicht, welches an dem Abend nach der letzten Hochrechnung benötigt wurde. Das jeweils andere Statement heben wir für die nächste Wahl auf.

Zwei unterschiedliche Aussagen, opportunistisch an den Umständen ausgerichtet: Ist das unethisch, ist das vielleicht un-authentisch? Nein. Warum sollten wir unterschiedlichen Problemen mit derselben Lösung begegnen? Also: Identische Situationen – identische Äußerungen. Es wäre naiv anzunehmen, unterschiedliche Situationen verlangten identische Äußerungen. Selbstverständlich verlangen unterschiedliche Situationen unterschiedliche Statements.

In unserem Frankfurter Beispiel klang das so:

Plan A: »Wir haben gewonnen. Viele Menschen wollten das. Das musste so kommen. Ich setze jetzt alles daran, gute Regierungsarbeit zu machen.«

Ein Plan B: »Wir haben verloren. Viele Menschen wollten das. Das musste so kommen. Ich setze jetzt alles daran, gute Oppositionsarbeit zu machen.«

Ein Rhetoriker unter den deutschen Publizisten, Franz Josef Wagner, überspitzt, versieht seine Briefe in der *BILD*-Zeitung mit einem scharfen Spin. Sie sind vollkommen einseitig, stark übersteigert und deshalb wirkungsvoll. Wo er recht hat, hat er recht, das sagt man so, aber wo nicht, eben auch. Deshalb bietet er sich an, um ein altes Prinzip zu illustrieren: In der Welt des Eindrucks stimmt immer beides, auch das Gegenteil. Ich präsentiere im Folgenden einen seiner »Post von Wagner«-Texte im Original – und denselben ins Gegenteil verkehrt. Welcher der echte Wagner-Text ist: egal. Er war am 30. Mai 2011 um 23:31 Uhr, einen halben Tag vor der Urteilsverkündung im Kachelmann-Prozess, im Netz. Den einen Text hatte Wagner in der Redaktion abgeliefert, den anderen hätte er abliefern können.

A: Lieber Jörg Kachelmann,
egal wie das Urteil ausfällt, Sie werden lebenslänglich ein ramponierter Mensch sein. Angeschlagen, beschädigt. Das haben Sie nicht verdient. Wie viele haben behauptet, Sie versprechen allen Frauen die wahre Liebe, damit Sie sie vögeln können. Nichts ist bewiesen! Es heißt immer: »Im Zweifel für den Angeklagten«. Seit dem letzten Frühjahr gilt das nicht mehr. In diesem Kachelmann-Jahr gilt das nicht mehr. Sie sind für uns angeklagt. Der Plebs will es so in diesem Kachelmann-Jahr. Sie sind der Buhmann des Jahres. Sie haben für uns die Birne hingehalten, ein Jahr lang den Kachelmann gemacht. Ich weiß nicht, wie viele auch nach dem Urteil sagen werden: »Wenn Du hörst: ›Ich liebe Dich‹: Glaube es nicht, da macht einer bloß den Kachelmann.« Das Schlimme ist, es kommen noch mehr Schwarzers. Und es kommen noch viele Kachelmann-Jahre. Es geht erst los.
Herzlichst, F. J. Wagner

B: Lieber Jörg Kachelmann,
egal wie das Urteil ausfällt, Sie werden lebenslänglich ein ramponierter Mensch sein. Angeschlagen, beschädigt. Die *FAZ* zitiert einen Spruch, der mittlerweile in unser Sprachgut eindringt: »Den Kachelmann machen«. »Den Kachelmann machen« bedeutet, allen Frauen die wahre Liebe zu versprechen, damit man sie vögeln kann. Diese Frauen waren keine Schlampen, die jeden ranließen. Es waren Frauen, die an die Liebe glaubten, an die Ehe. An Kinder, die im Garten auf der Schaukel zum Himmel fliegen. Ich weiß nicht, wie viel Schmerzen die-

ser Don Juan, dieser Verführer, Frauen zugefügt hat. Ich weiß nicht, wie vielen Frauen er gesagt hat: »Ich liebe Dich.« »Ich liebe Dich« ist der schönste Satz der Welt. Kachelmann hat diesen Satz vergewaltigt.
Herzlichst, F. J. Wagner

63 / Behaupten Sie nie, Sie seien authentisch!

Authenticity Bumerang

So klar das alles scheint, sobald man die Dinge klar anspricht, erntet man Widerstand. Der Mainstream setzt sich durch, deshalb heißt er Mainstream.

»Mein Leitspruch ist Ehrlichkeit«, das höre ich mehr als einmal pro Woche. Solche Sätze gibt es zuhauf, sie stimmen nie. »Ich bin immer so, wie ich bin« ist eine der kecksten Behauptungen, die einem unterkommen können. Kaum weniger beliebt ist übrigens »Offenheit«, »offenes Feedback« wird immer wieder gerne genommen: »Ich bin offen.« Ich sage: Das geht nicht. Behaupten Sie genauso wenig, Sie seien authentisch! Wenn es stimmt, ist es nicht gut, stimmt es nicht, sind Sie ein Lügner.

In seiner ersten ZDF-Sendung fragte Richard David Precht: »Wie soll man da, bei dem Zerfall in viele Rollen – wie will man da ein glaubwürdiger Mensch sein? Wenn man sich widerspricht und aber jedes Mal den Eindruck erwecken muss, Sie stünden genau hinter der Position, die Sie in diesem Moment vertreten, dann können Sie doch im Grunde genommen gar nicht mehr authentisch sein.«

Er ahnte nur – für einen Philosophen eigentlich zu vage –, dass mit dem Klischee etwas nicht stimmt. Sein Gegenüber, Axel-Springer-Vorstandschef Mathias Döpfner, hatte das Thema besser parat: »Das hat nichts mit den modernen Medien zu tun. Aber der Politiker kann sie nutzen, um seine Botschaften direkt und [zögert] – authentisch – rüberzubringen. ... Vielleicht ist das ja eher eine Frage der inneren Haltung ...« Döpfner kommt auch in dem letzten Satz auf den Punkt: Es gibt kein externes Unterscheidungskriterium für die eine Frage: Was ist authentisch und was scheint authentisch? Lassen wir es dabei bewenden.

Es ist wieder das Phänomen, das ich »Dantons Maske« nenne. Dantons Maske bedeutet: Die Rolle ist mit dem Gesicht verwachsen. Wir können uns nicht einmal darauf verlassen, dass das Authentische aus uns selbst kommt. Es ist durch Erziehung in eine Richtung gebogen worden. Warum auch nicht, das ist noch kein Problem. Zum Problem wird es nur dann, wenn sich die Maskierung nicht mehr ablösen lässt. Unsere scheinbar pure Authentizität ist gar keine. Selbst sie ist bereits das Ergebnis größter Verbiegung. Was wirklich authentisch wäre, ist nicht mehr zu erkennen.

64 / Übertreiben Sie es nicht

Obligation to moderate

Sie schätzen jemanden, nennen wir sie Melanie. Sie ist irgendwie anders, sie ist vor allem nicht immer gleich. Sie kleidet sich gern interessant, mal so, mal so, sie hat keine festgefahrenen Meinungen, sie ist nicht starr, sie bereitet attraktiv auf, was sie sagen will. Sie macht Eindruck. Sie schafft einen guten Mix aus Selbst und Rolle, sie ist das, was Frauen untereinander eine »Goldschnitte« nennen: Sie ist rundherum gut. Sie spielt immer ein bisschen und das macht sie interessant. Es ist wie mit unserem Beispiel vom Anfang des ersten Kapitels – man könnte sagen, sie spielt im richtigen Film.

Dann wird es anders. Dieses Aufpeppen, dieses durchtrainierte Hecheln nach Aufmerksamkeit und Wirkung, das tut sie plötzlich öfter. In der letzten Zeit übertreibt sie es aber. Ihre Attraktivität nimmt nicht zu, das Gegenteil tritt ein. Ganz langsam geht Melanies Wirkung verloren. Dass sie verblasst, kann man nicht sagen, gerade das Gegenteil ist ja der Fall, eher eckt sie an. Die Maske wird zum Gesicht. Melanie kann nicht raus. Auch sie, die ja spielt, wird allzu authentisch. All das Changieren ist ihr »zur zweiten Natur« geworden. Man könnte sagen, die zweite Natur und frisst die erste auf. So verrückt sie war, sie schien authentisch, das ist Melanie. Aber jetzt ist es zu viel.

Jede Kunst, auch die Auftrittskunst, verträgt eine leichte Übertreibung – aber nur die leichte. Eine der Todsünden jeder Kunst ist es, das Verhältnis von Inhalt und Form schief werden zu lassen. Nur so wird ein Schuh aus der

Mahnung, die ich zu Anfang erwähnt hatte: »Ich will mich nicht verbiegen.« Wenn man gar nicht mehr man selbst ist, kippt es. Der Eindruck heißt dann: zu künstlich!

»Die Lust am Künstlichen« verdirbt immer schon die Sitten der Politik. Der *Handelsblatt*-Chefredakteur Hans-Jürgen Jakobs hat die mehr oder weniger professionell hergestellten Auftritte »politisches Sprechtheater« genannt. Solange es dosiert und diszipliniert professionell gespielt wird, bringt es einem zunächst drei Vorteile: 1. Man schafft Nähe zum Publikum, wo es keine gibt. 2. Man schafft sich Freunde unter den Agenten, den Medienmachern. 3. Man entkommt vermeintlich dem Druck, glaubwürdig sein zu müssen. Unterhaltsam zu sein genügt. Das ist zunächst entlastend. Diese dritte der drei Chancen hat aber einen Pferdefuß. Werden die Mittel allzu exzessiv eingesetzt, ist am Ende die Talkshow der einzige Modus, kippt die Wirkung in ihr Gegenteil. Deshalb werden inzwischen Politiker ganz allgemein als nicht authentisch empfunden. Die dürfen zwar nicht nur authentisch sein, aber es gab einige Extremfälle. Ein Verteidigungsminister mit neuer Freundin im Swimmingpool, eine Landrätin im Latexkostüm, das passt nicht. Hart an der Grenze war zum Beispiel ein Berliner Bürgermeister, der in Filmen und TV-Serien sich selbst spielte. Grandios authentisch und gespielt zugleich! Aber jede Übertreibung erreicht ihr Gegenteil. Passen Sie also auf! Woody Allen ließ in seinem kleinen Stück *Meine Apologie* seinen Helden Sokrates das Phänomen populärphilosophisch erklären: »Wenn ein Mensch ein Liedlein singt, so ist das schön. Will aber absolut nicht enden der Gesang, möcht schließlich Socken in den Rachen man ihm stopfen.«

65 / Starker Auftritt, starker Abgang

Clean Exit

In einem Hotel irgendwo in Hamburg, Frankfurt oder Zürich geht eine Tür auf und zu, vielleicht zehn Mal, wir haben es nicht gezählt. Wir proben das Erscheinen, die Erscheinung, heißt es ja auch. Die Tür geht auf, mein Klient kommt herein, wir wechseln ein paar Worte, sprechen über die Wirkung, wiederholen das Ganze. Das erste Bild ist entscheidend. Es lenkt unsere Wahrnehmung. Was spricht dagegen, es sich gut zu überlegen? Was herauskommen soll, können Sie planen – und proben. Wenn Sie das nun wirklich übertrieben finden – Spitzenpolitiker, Spitzenmanager und alle Obamas und Steve Jobs dieser Welt finden es nicht –, dann fragen Sie wenigstens jemanden, wie es wirkt, wenn Sie hereinkommen. Sie werden eine Antwort bekommen, mit der sie nicht zufrieden sind.

Man klopft an oder man öffnet die Tür einfach. Man kündigt sich an, mit einer Visitenkarte vielleicht. Man schickt seinen Fahrer vor. Man tut Symbolisches: Man hebt eine Hand, man deutet hinüber. Der »Clean Entrance« ist der entscheidende Moment. Er ist zugleich ein Statement. Der gute Eindruck beginnt mit dem Eintreten. Alle guten Auftritte beginnen mit etwas Großem. Man bleibt ganz kurz stehen. Zu Anfang – oder zum Ende hin – hat so etwas die größte Wirkung.

66 / Halten Sie sich nicht für einzigartig

Für Ihre Rolle findet sich immer jemand

Lasst eure Träume fahren, dass man mit euch
Eine Ausnahme machen wird.
Was eure Mutter euch sagte,
Das war unverbindlich.
Lasst euren Kontrakt in der Tasche.
Er wird hier nicht eingehalten.
Lasst nur eure Hoffnungen fahren,
Dass ihr zu Präsidenten ausersehen seid.
Aber legt euch ordentlich ins Zeug.
Ihr müßt euch ganz anders zusammennehmen,
Dass man euch in der Küche duldet.
Ihr müsst das ABC noch lernen.
Das ABC heißt: Man wird mit Euch fertig werden.
Denkt nur nicht nach, was ihr zu sagen habt:
Ihr werdet nicht gefragt.
Die Esser sind vollzählig.
Was hier gebraucht wird, ist: Hackfleisch.
Aber das soll Euch
nicht entmutigen.

Bertolt Brecht, *Gedichte 1*, Bd. 11, Berlin 1988, S. 163 ff.

Wer sich für einzigartig hält, hat sich diesen Zustand wahrlich verdient! Doch er macht einsam, lässt keinen Platz für andere. Einer solchen Person fehlt nämlich all das, was ein erfülltes Leben ausmacht: Attraktivität, Anziehung, Zugang, Pointierung. Genau das ist es nicht, was wir mit »authentisch« meinen sollten. Aber es ist nicht leicht, sich dies bewusst zu machen, wenn immer nur das präferiert wird, was aus einem selbst heraus kommt – meist aus dem Bauch, manchmal aus dem Kopf. Wir leben in einer Gesellschaft, die genau das tut – und es am Ende den anderen als Authentizität verkauft. Doch das ist es nicht. Hüten Sie sich also vor diesem Zuviel.

Wenn sich nicht alle paar Minuten jemand nach Ihnen umdreht, dann bedeutet es etwas: Sie werden in der Menge nicht erkannt. Wollen Sie erkannt werden, dann müssen Sie sich etwas Besonderes zulegen. Wenn Sie das tun, sind Sie allerdings nicht mehr Sie selbst, wie Sie eben so sind. Wollen Sie als einzigartig wahrgenommen werden, sollten Sie etwas hinzutun zu Ihrer Authentizität.

67 / Versuchen Sie nicht zurück zu gehen

Es wird nicht gelingen

Sie sehen einen bekannten Menschen aus kurzer Entfernung, sie oder er, egal, hat plötzlich einen ganz faszinierenden Blick, etwas beseelt. Es ist nur das Gesicht, oder eine Haltung, vielleicht auch nur ein Sommerhut, der auf ganz eigene Weise sitzt oder einfach nur verrutscht ist, vielleicht eine Brille in einem ungewöhnlichen Winkel, oder ein einzigartiges ausdrucksstarkes Lächeln. Vielleicht einfach nur eine grazile Bewegung. Unglaublich, ganz starke Wirkung, so kannten Sie sie oder ihn gar nicht. Der ganze Spuk dauert kaum eine Sekunde. Sie sind baff.

»Oh, das war jetzt aber, Mann ...Wie sahst Du denn eben gerade aus, wie aus dem Film, wie hieß der gleich ...« Und jetzt geht es los. »Warte, ich hole die Kamera, setz dich noch mal so hin, die Hand da rüber, so wie eben, nein, noch mal so gucken ...« Den Rest kennen Sie. Sie können noch so viele Anweisungen geben, das macht alles nur schlimmer. Pressefotografen nach Interviews haben mir mit diesem Spiel etliche Stunden versüßt. Ich habe alles so gemacht, ich wollte ganz schnell so sein, und das, obwohl ich aus meiner Arbeit hätte wissen müssen: Es gelingt nicht schnell. Es ist, wenn es überhaupt gelingt, ein weiter Weg, authentisch zu scheinen.

Wer jetzt nicht locker lässt und daran weiter arbeiten will, der hat zwei Möglichkeiten. Die eine geht so: Wir gehen zurück und hoffen auf weitere solcher Augenblicke, die ganz aus uns kommen und eine Grazie schaffen, die man wohl nie herstellen kann. Das war authentisch Typ I, die Geschichte von Kleists Gliederpuppe.

Zwischenwege gibt es allenfalls in der Kunst. Starfotografen nehmen in manchen seiner Aufnahmen alles Authentische, Besondere, Eigene aus dem Foto heraus. Jeder Versuch irgendwie sein zu wollen, wäre für diese Fotokunst ganz falsch. Jemand wie Guido Werner führt mit fast unsichtbarer Hand. Jemand wie Carsten Sander gibt Anweisungen, die jeder Portraitierte einfach befolgen muss; als er mich für sein Projekt »Heimat« portraitiert hat, habe ich das erlebt. In solchen Stunden entsteht etwas, das authentisch und nichtauthentisch zugleich ist.

Also bleibt uns immer nur eines: Am Eindruck arbeiten, solange, bis er als stimmig wahrgenommen wird. Ich hoffe, Sie konnten mit meinen Vorschlägen dazu etwas anfangen. Die größte Hürde auf dem Weg zu einem authentischen Eindruck sind Sie selbst. Sie müssen sich überwinden und das im ganz wörtlichen Sinne. Wenn Sie das erkannt haben, kennen Sie auch schon das letzte Geheimnis. Sie müssen es wollen!

Wir sind wieder beim Anfang, bei Adam Grants Artikel in der *New York Times*. Lassen wir es ihn sagen: »Next time people say, ›just be yourself‹, stop them in their tracks. No one wants to hear everything that's in your head. They just want you to live up to what comes out of your mouth.«

ANHANG

Literatur

Was ich für das Buch gelesen habe

Roger Ailes, *You are the Message*. New York, reissue 2009
Paul Arden, *Es kommt nicht darauf an, wer du bist, sondern, wer du sein willst.* Köln 2008
Dan Ariely, *The Honest Truth About Dishonesty.* New York 2012
»Authenticity in an uncertain world«, white paper by FleishmanHillard, Inc., St. Louis 2017
Vazrik Bazil, *Impression Management*. Wiesbaden 2005
Walter Benjamin, *Das Kunstwerk im Zeitalter seiner technischen Reproduzierbarkeit.* Mit einem Kommentar von D. Schöttker. Frankfurt am Main 4. Aufl. 2015
René Borbonus, *Respekt*. München 2011
Robert B. Cialdini, *Die Psychologie des Überzeugens*. Dt. München 197ff.
Daniel Coyle, *Die Talent-Lüge*. Köln 2009
Rolf Dobelli, »Wir Unauthentischen«, in: *Neue Zürcher Zeitung* 17.7.2018; *Handelsblatt* 16.8.2018
Johann Peter Eckermann, *Gespräche mit Goethe*. Berlin 1956
Paul Ekman, *Telling Lies. Clues to decide in the Marketplace, Politics and Marriage*. New York 2001
Wolfgang Engler, *Lüge als Prinzip*. Berlin 2009
Stefanie Etzel, Sabina Wachtel (Hrg.), *Jeder kann wirken*. Berlin 2018
Allessando Ferrara, *Reflective Authenticity. Rethinking the Project of Modernity*. London 1998
Erika Fischer-Lichte, *Inszenierung von Authentizität*. Tübingen und Basel 2. Aufl. 2007
Georg Franck, *Ökonomie der Aufmerksamkeit*. München und Wien 1998
Shane Frederick, »Cognitive Reflection and Decision Making«, in: *Journal of Economic Perspectives*. Vol. 19, No.4, Fall 2005, S. 24–42
Holm Friebe, *Die Stein-Strategie*. München 2014
Neil Gabler, *Das Leben, ein Film*. Berlin 1999
Dirk von Gehlen, *Mashup. Lob der Kopie*. Frankfurt am Main 2011
Bill George, *Authentic Leadership. Rediscovering the secrets to creating lasting Value*. San Francisco 2003

James H. Gilmore; B. Joseph Pine II, *Authenticity.* Harvard, Boston 2007

Malcom Gladwell, *Outliers*, London 2008 (*Überflieger:* dt., München 2009)

Rob Goffee, Gareth Jones, »Why should anyone be lead by you? What it takes to be an authentic Leader«, in: *Harvard Business Review* 2006

Erving Goffman, *Wir alle spielen Theater*. München 2003

Adam Grant, »Unless You're Oprah, ›Be Yourself‹ Is Terrible Advice«, in: *New York Times* 4.6.2016

Eric Guthey; Brad Jackson, »CEO Portraits and the Authenticity Paradox«, in. *Journal of Management Studies*, Volume 42, Issue 5, 2005, S. 1057-1082

Christa Heilmann, *Körpersprache*: München 2. Aufl. 2011

Kerstin Hensel, »Der verwachsene Schnabel«, in: *Kursbuch 191, Bullshit Sprech*, Hamburg 2017, S. 207ff.

Daniel Howard, Charles Gengler, »Emotional Contagion Effects on Product Attitudes«, in: *Journals of Consumer Research*, Vol. 28, 2001, S. 189-201

Herminia Ibarra, *Act like a Leader - think like a leader*. Boston, Mass. 2015

Anthony Jacquin, *Reality is Plastic*. London 2008

Daniel Kahneman, *Schnelles Denken, langsames Denken*. München 2012

Sarah Kaminsky, Adolfo Kaminsky. *Ein Fälscherleben*. München 2011

Helene Karmasin, *Wahre Schönheit kommt von außen*. Salzburg 2011

Jean-Claude Kaufmann, *Wenn ICH ein anderer ist*. Konstanz 2010

Klaus Kocks, »Authentische PR als Paradoxon«. Rede-Abdruck, Bristol 2007

Maria Konnikova, *Täuschend echt und glatt gelogen*, München 2017

Shel Leanne, *Say it like Obama. The Power of Speaking with Purpose and Vision*. New York 2009

Gustave Le Bon, *Psychologie der Massen*. 15. Aufl. Stuttgart 2001

Wolf Lotter, »Echt echt. Wirklich?«, in: *brandeins* 02/13, S. 49-51

Judith Mair, Silke Becker, *Fake for real. Über die private und politische Taktik des so tun als ob*. Frankfurt am Main 2005

Thomas Mayer, *Politik als Theater*. Berlin 1998

Claudia Mayer, *Verteidigung der Lüge*. München 2007

John J. Mershheimer, *Lüge. Vom Wert der Unwahrheit*. dt., Frankfurt am Main/ New York 2012

Thomas Meyer, *Die Inszenierung des Authentischen.* Frankfurt am Main 1992

Christian Mikunda, *Der verbotene Ort. Oder die Inszenierte Verführung*. München 3. Aufl. 2011

Nils Minkmar, »Zwei Wochen deutsches Psychodrama«, in: *Inszenierung als Beruf. Der Fall Guttenberg*. Frankfurt am Main 2011, S. 112-117

Michael Moesslang, *Professionelle Authentizität*. Wiesbaden 2010

Rebecca Niazi-Shahabi, *Ich bleib so Scheiße wie ich bin. Lockerlassen und mehr vom Leben haben*. München und Zürich 2013

Rainer Niermeyer, *Mythos Authentizität*. Frankfurt am Main 2008

Friedrich Nietzsche, *Menschliches, Allzumenschliches*, in: *Werke*. München 1990

Anthony J. Onwuegbuzie, Nancy L. Leech und Kathleen M. T. Collins, »Interviewing the Interpretive Researcher: A Method for Addressing the Crises of Representation, Legitimation, and Praxis«, in; *International Journal of Qualitative Methods*, 2008, 7 (4). Ähnlich in: »Innovative Data Collection Strategies in Qualitative Research«, in: *The Qualitative Report Volume* 15, No 3, May 2010 S. 696-726

Jeffrey Pfeffer, Power. *Why some people have it and others don't.* New York 2010 (*Macht*: dt., Kulmbach 2013

René Pfister, »Echt wahr. Warum Politiker nicht authentisch sein können«, in: *Der Spiegel* Nr. 34, 2014

Rita Pohle, *Manchmal wär ich gern mein Hund*. München 2014

Andrew Potter, *The Authenticity Hoax*. New York 2010

Christian Richter, *Der authentische Manager*. Frankfurt am Main 2004

Martin Salzwedel, Ulf Tödter, *Authentisch führen*. Freiburg 3. Aufl. 2017

Roland Schimmel, *Von der hohen Kunst ein Plagiat zu fertigen*. Berlin 2011

Ariadne von Schirach, *Du sollst nicht funktionieren. Für eine neue Lebenskunst*. Stuttgart 1914

Richard Sennett, *Verfall und Ende des öffentlichen Lebens. Die Tyrannei der Intimität*. Berlin 2004

Richard Sennett, *Der flexible Mensch*. München 2000

Peter Sloterdijk, *Du musst Dein Leben ändern. Über Anthropotechnik*. Frankfurt am Main 2009

Wolfgang Sofsky, *Verteidigung des Privaten*. München 2007

Reinhard K. Sprenger, *Das anständige Unternehmen*, München 2015

Uwe Tellkamp, *Der Turm*, Frankfurt/M. 2008, S. 797-927

Philipp Theison, *Literarisches Eigentum. Zur Ethik geistiger Arbeit im digitalen Zeitalter*. Stuttgart 2012

Sabina Wachtel, *Goldschnitte. Für alle Frauen, die sich mit 40+ noch nicht erschießen wollen*. München 3. Aufl. 2015

Stefan Wachtel, *Delikt 220*, Rudolstadt 1991, reprint, Frankfurt am Main 2018

Stefan Wachtel, *Überzeugen vor Mikrofon und Kamera*, Campus Frankfurt am Main/New York 1999

Stefan Wachtel, *Rhetorik und Public Relations. Mündliche Kommunikation von Issues*, München 2003

Stefan Wachtel, *Sprechen und Moderieren in Hörfunk und Fernsehen*, 6., überarb. Aufl., Konstanz 2009

Stefan Wachtel, *Schreiben fürs Hören*. 5., überarb. Aufl. Konstanz 2013

Stefan Wachtel, *Executive Modus. 12 Taktiken für mehr Führungswirkung*. München 2., überarb. u. erw. Aufl. 2017

Stefan Wachtel, *Das Zielsatz-Prinzip. Warum Pointierung unsere Wirkung erhöht*. Zürich 2018

Stefan Wachtel, Nina Ruge (Hrg.), *Achtung Aufnahme! Erfolgsgeheimnisse Prominenter Fernsehmoderatoren*. Düsseldorf und München 1997

Natascha Zowislo-Grünewald u. Jürgen Schulz, »Jetzt erst (r)echt – über die Unmöglichkeit und Unnötigkeit, authentisch zu kommunizieren und konsistentere Kontextualisierungen von Authentizität«, in: P. Szyszka (Hrsg.), *Alles nur Theater*, Köln 2012

www.leading-coaches-of-the-world.com
www.manageroutfit.com
www.executive-modus.de

Danke sehr

An Georgia Jean Cao, Sebastian Grebe, Stefanie Etzel, Peter Hoenisch, Petra Irrle, Christian Lindner, Michael Huber, Roger Pabst, Claus Rosenkranz, Leonie Schöbel, Sabina Wachtel.